JN087947

大好き！韓国ごはん

金英貨 著

ナツメ社

はじめに

何度目かの韓国ブーム。そのたびに韓国料理が注目されます。
昔は韓国といえば焼肉！ だったのですが、今では、純豆腐チゲやサムギョプサルなど、韓国語で表記される代表的なメニューも親しまれています。

私にとって韓国料理は、お母さんの味。私の母は料理がとても上手でした。味はもちろん、料理のバリエーションの多さやテクニックが、今考えても凄かったと思います。私はそれを見るのが好きで、隣でお手伝いをしながら、よく味見したりしていました。また、キムチを作った日には、ポッサム（P.63）も作って、おいしく食べたのも懐かしい思い出です。学校から帰るとトッポッキ（P.110）をおやつに出してくれたり、毎日いろんな料理を作ってくれました。そんな愛情たっぷりの母の料理を食べて育ったので、今でも、食べ物に特別な愛情を持って料理することができると思っています。

日本のお店で食べる韓国料理は、現地の味とはちょっと違っていたりします。今回、この本を作る上で、日本で手に入る食材を使って、なるべく現地の味を再現できるようにしました。また、コンナムルソッパッ（かぼちゃ栄養ご飯・P.22）やサムパッ（包みご飯・P.24）、コングクス（豆乳冷麺・P.49）など、日本ではあまり知られていませんが、現地で人気の料理もたくさん掲載しました。

さらに韓国は屋台が活発です。明洞（ミョンドン）、鐘路（チョンノ）も屋台で有名ですが、最近は江辺駅（カンビョンニョク）や新大方駅(シンデバンニョク)などにもいろんな屋台が連なっていて、さまざまなジャンルの屋台メシが売られています。本書にも屋台メシのレシピがあるので、ぜひ現地を思い浮かべながら食べてもらいたいです。

辛い料理と思われがちな韓国料理ですが、辛くない料理もたくさんあります。また、辛い料理でも自分で作ることによって辛さは調整できます。本書では、韓国の食卓に並ぶ定番の家庭料理をはじめ、今話題の料理まで、たくさんのレシピを掲載しました。まだまだ知られていない、おいしい料理が韓国にはたくさんあります。そして、作るのはとってもかんたん！ 韓国料理が好きな方はもちろん、作ってみたいけど、難しそうでなかなか手が出なかった人に、ぜひ読んでいただきたいと思っています。
私の故郷の味が、みなさんの食卓に並びますように。

金　英貨（キム　ヨンハ）

もくじ

Chapter 2　ごちそうレシピ

Chapter 3　話題のレシピ

Chapter 4　絶品韓国おかず

Chapter 5 韓国屋台メシ

本書のきまり

- 大さじ1は15㎖、小さじ1は5㎖です。1カップは200㎖です。
- ご飯一人前の目安は約200〜220gです。
- 鍋の大きさや材質によって熱の伝わり方や水分の蒸発の仕方などに差が出るので、レシピは適宜調整してください。ふたは鍋のサイズにぴったり合い、できるだけ密閉できるものを使用してください。
- 火加減の目安は、強火が「鍋底に炎が勢いよく当たる程度」、中火が「鍋底に炎がちょうど届く程度」、弱火が「鍋底に炎がギリギリ当たらない程度」です。
- レシピに出てくる電子レンジは、600Wのものを使用しています。500Wの場合は、加熱時間を1.2倍にしてください。メーカーによって温まり方に差があるので、様子を見ながら加熱してください。
- レシピに出てくる「○分煮る」とは、特別に記載がない限り、はじめの材料を入れてからの目安時間です。
- 野菜は洗ったり、皮をむいた手順から記載しています。

覚えると楽しい韓国語

韓国料理を食べるとき、韓国語で少し会話ができると、より楽しくなるはず！　そんな思いを込めて、ここではかんたんな韓国語を紹介します。「いただきます」や「ごちそうさま」のほか、お料理を出されたときの感想など、かんたんなものを集めました。ぜひ使ってみて！

ペガ ゴプンニダ
배가 고픕니다.
おなかがすきました。

コプチャンジョンゴルル モグロ カプシダ
곱창전골을 먹으러 갑시다.
ホルモン鍋を食べに行きましょう。

ピョンメッチュ / センメッチュル ジュセヨ
병맥주 / 생맥주를 주세요.
瓶ビール / 生ビールをください。

チャル モッケスムニダ
잘 먹겠습니다.
いただきます。

トル メッケ ヘジュセヨ
덜 맵게 해주세요.
辛さを控えめにしてください。

アプッチョプッシ トゥ ゲ ジュセヨ
앞접시 두 개 주세요.
取り皿を2枚ください。

チョヌン コピルル モッ マシムミダ
저는 커피를 못 마십니다.
私はコーヒーが苦手です。

ヤチェビビムバプ イッソヨ
야채비빔밥 있어요?
野菜ビビンパはありますか？

サンチュル チョム ト ジュセヨ
상추를 좀 더 주세요.
サンチュのお代わりをください。

イ キムチヌン チョンマル マシッソヨ
이 김치는 정말로 맛있어요.
このキムチは本当に美味しいです。

ペガ ブルンニダ
배가 부릅니다.
おなかがいっぱいです。

チャル モゴッスムニダ
잘 먹었습니다.
ごちそうさまでした。

日本でも買える！

한국 韓国の食材 식재료

韓国料理を作る上で欠かせない食材や調味料を紹介します。ここに掲載されているものは、韓国系のスーパーやインターネットで購入することができます。日本のものとは味が違うので、韓国料理を作るときは、韓国のものを使用してください。より現地の味を楽しむことができますよ！

アミの塩辛

エビの仲間のアミを熟成させたもので、キムチ作りには欠かせない。お茶漬けに少しいれたり、スープのだしや味付けに少し使用すると、劇的に現地味に近づく。

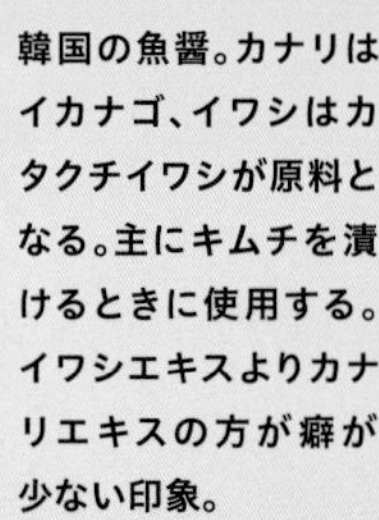

ダシダ

韓国料理でだしの素としてよく使われるのは、この牛ベースのダシダ。牛骨のエキスに、玉ねぎやにんにくなどを配合して作られる、粉末状の調味料。スープや炒め物などの味付けに。

えごまの葉

シソ科の1年草。同じシソ科の青ジソよりも大きく、風味も全く異なる。サムギョプサルを包んだり、刻んでビビンパの具材にしたりと韓国料理では多く登場する野菜。

カナリエキス・イワシエキス

韓国の魚醤。カナリはイカナゴ、イワシはカタクチイワシが原料となる。主にキムチを漬けるときに使用する。イワシエキスよりカナリエキスの方が癖が少ない印象。

たくあん

韓国の飲食店でうどんや定食などを頼むとキムチと一緒に出てくるのがこの黄色いたくあん。キムチと同じくらい親しまれている漬物で、キンパの具材としてもおなじみ。ちなみに韓国語では「タンムジ」。

エホバク

ウリ科の野菜。日本では韓国ズッキーニと呼ばれ、ズッキーニでも代用できるが、エホバクの方が苦味が少なくほのかに甘い味わい。ジョンやナムル、チゲなどに頻出する。

コチュジャン・デンジャン

甘辛い唐辛子味噌で、いろんなソースや味付けに使用されるコチュジャン。韓国の味噌デンジャンは、日本のものとは違い、煮立てるほどに風味が強調される。

クッカンジャン

韓国の薄口醤油。日本の薄口醤油でも代用できる。100%大豆のみで作られたクッカンジャンは塩の代用として使われる。薄口なので他の具材を邪魔せず、味に塩味と深みを加える。

えごま油

えごまの種子をしぼってとった油。体に良い油として親しまれていて、サラダに直接かけたり、ナムルなどのあえ物に重宝する。口当たりはまろやかで、えごまの独特の苦味や風味はない。

オリゴ糖

健康志向の強い韓国では、砂糖は使わず、分解吸収されにくく、お腹の中をきれいにしてくれるオリゴ糖が多用される。代替品として韓国水飴も有名だが、日本のものでは糖度・粘度・風味の違いから代用できない。

粉唐辛子

赤唐辛子を乾燥させ、粉々にしたもの。細めと粗めの2種類がある。日本の一味唐辛子とは原材料が違い、マイルドな辛さで甘味を感じる。韓国料理で粉唐辛子を使う場合は、必ず韓国産を使用する。

トッポッキ餅

韓国の餅。トック（棒状の餅）をコチュジャンやオリゴ糖・水飴を使って甘辛く煮込んだ料理、「トック」+「ポギ（炒める）」=トッポッキが人気。

梅エキス

砂糖をあまり使用しない韓国料理では、甘味はこの梅エキスやオリゴ糖で補うことが多い。健康調味料として、韓国では薄めて梅ジュースにしたりお茶にしても親しまれている。

生の唐辛子

青唐辛子は日本でも馴染みがあるが、生の赤唐辛子も韓国料理では欠かせない食材。青唐辛子が熟したものが赤唐辛子となる。韓国では味噌をつけて生でかじる人もいるとか。

韓国の定番料理

ジョンを作ってみよう

チヂミ？　ジョン？　何が違うの？　ジョンとは、薄切りなどにした魚、肉、野菜などに味付けをしたあと、小麦粉をまぶして油で焼いたもの。チヂミとよく似ていますが、チヂミは釜山など慶尚道（キョサンド）地方の方言の「チヂム（찌짐）」が語源です。韓国では一般的には使われず、「ブッチングゲ（부침개）」と呼ばれています。ブッチングゲは、切った野菜や海鮮などを小麦粉と水などを合わせた生地と混ぜて焼く料理で、広い意味でジョンもブッチングゲに入ります。

5色の串ジョン　오색꼬치전

オセッコチジョン

材料（2人分）

ウィンナー	3本
カニカマ	6個
たくあん	30g
小ネギ	2本
エリンギ	20g
溶き卵	2個分
小麦粉	大さじ4
サラダ油	適量
爪楊枝	6本

作り方

1 ウインナーは縦半分に切り、たくあんとエリンギは串に刺しやすいスティック状に切る。

2 カニカマの長さに合わせてたくあん、ウィンナー、小ネギ、エリンギを切る。

3 2の材料を好きな順番で爪楊枝に刺し、小麦粉をつけたら溶き卵にくぐらせる。

4 フライパンを中火で熱しサラダ油をひき、両面に焼き色がつくまで焼く。

ユッジョン

육전　牛肉のジョン

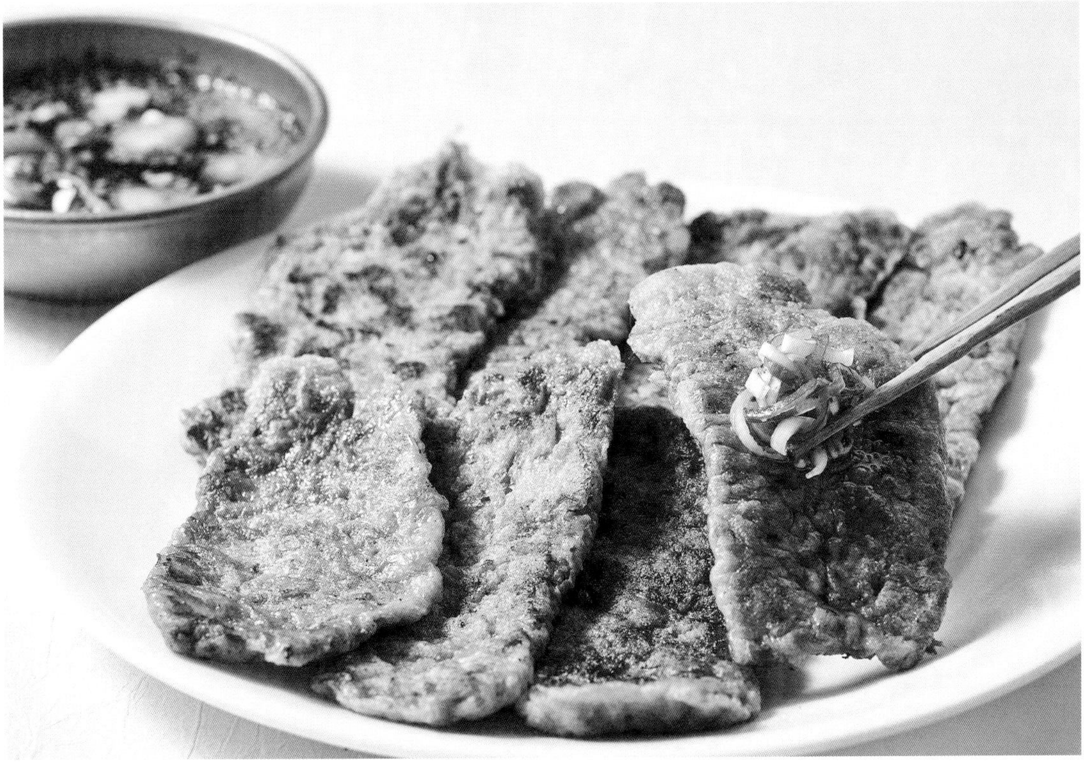

材料（2人分）

牛肩ロース肉（薄切り）	200g
小麦粉	大さじ4
溶き卵	4個分
A 醤油	大さじ1
A 酒	大さじ1
A ごま油	大さじ1
A こしょう	少々
サラダ油	適量

作り方

1 Aをボウルに入れ、混ぜ合わせる。
2 牛肉はキッチンペーパーで水分をしっかり拭きとってから、1をハケで塗り5分ほどおく。
3 2の両面に小麦粉をつけたら溶き卵にくぐらせる。
4 フライパンを中火で熱しサラダ油をひき、3を両面に焼き色がつくまで焼く。

ジョンのタレ →

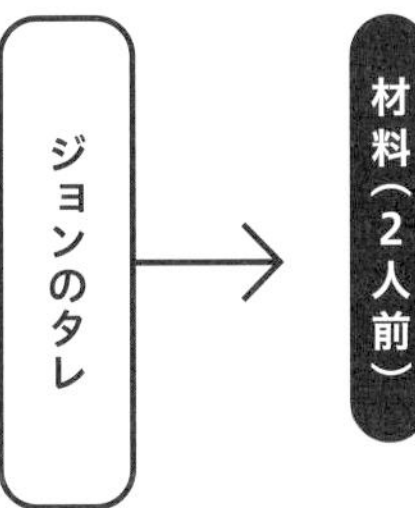

材料（2人前）

醤油	大さじ3
酢	大さじ2
粉唐辛子	大さじ1
砂糖	大さじ1
長ネギ（小口切り）	大さじ2
白ごま	大さじ1
青唐辛子（お好みで・輪切り）	適量

作り方

全ての材料をボウルに入れ混ぜ合わせる。

じゃがいものジョン　감자전

カムジャジョン

材料（2人分）

じゃがいも （大・ざく切り）	3個
塩	小さじ1/2
長ネギ （みじん切り・小口切り）	大さじ1（約10cm）
サラダ油	適量

作り方

1. じゃがいもはミキサーかおろし金で撹拌する。
2. ボウルにザルを重ねて1を入れ、ヘラなどで押しつぶし、じゃがいもの水分をしっかりきる。
3. 2の水分がデンプンと水分に分離するまで、10分ほどおく。
4. 3の水分だけ捨てて、別のボウルにデンプン、2で残ったじゃがいも、長ネギ、塩を入れ混ぜ合わせる。
5. フライパンを中火で熱しサラダ油をひき、4を好みの大きさに分けて入れ、両面に焼き色がつくまで焼く。

クルパジョン

굴파전 牡蠣とネギのジョン

材料（2人分）

	生牡蠣	8〜10粒
	小ネギ	1束(約100g)
A	粉唐辛子	大さじ1
	塩・こしょう	少々
	ごま油	小さじ1
B	小麦粉	50g
	天ぷら粉	20g
	片栗粉	10g
	水	100㎖
	鶏がらスープの素	大さじ1
	溶き卵	1個分
	サラダ油	適量
	白ごま	適量
	赤・青唐辛子(輪切り・あればで可)	適量

作り方

1 AとBはそれぞれ違うボウルに入れ、混ぜ合わておく。
2 流水できれいに洗った牡蠣を1のAに入れ、混ぜ合わせる。
3 青ネギはフライパンの直径に長さを合わせて切り、1のBにくぐらせる。
4 フライパンを中火で熱しサラダ油をひき、3を平らに並べる。
5 4に2をのせて、溶き卵を流し入れたら、赤・青唐辛子と白ごまを散らす。
6 下面に焼き色がついたらひっくり返して、ヘラで少し押しながら軽く焼き色がつくまで焼く。

韓国ドリンク図鑑

サイダー

韓国で有名なサイダーといえば写真右のチルソンサイダ。ソジュと割ったり料理にも使われる。写真左はミルキス。カルピスソーダのような味わいでこちらも王道の飲み物。

アロエジュース・梅ジュース

爽やか系なジュースが大好きな韓国人が飲む代表的なジュースがこちら。健康に気をつかう国民性からか、体に良いジュースが多く販売されている。

シッケ

伝統的な発酵飲料シッケ。お米を発酵させたものなので、甘酒に近い風味。アルコールは含まれないので子どもでも飲める。食欲不振や疲労回復、ダイエットドリンクとして親しまれる。

野菜豆乳

ベジミルという常温や温めて飲む豆乳。AとBの2種類あり、Aは豆乳95%の健康ドリンクなのに対しBは甘さが強めなので、豆乳が苦手でも飲みやすくなっている。二日酔いにも効く。

1000億プリバイオマッコリ

乳酸発酵を重ね、1本になんと1000億個の乳酸菌が入っている。腸内の善玉菌の栄養源にもなるので、健康志向のマッコリ。さらに人工甘味料を使わず無添加なのも魅力的。

生マッコリ

生と表記されているものは、要冷蔵のもの。生きた乳酸菌が発酵を続けているので、ほどよい酸味と微炭酸が楽しめる。常温で売られているマッコリは発酵を止めるために加熱処理がされ長期的に保存できるようになっている。

ペクセジュ

高麗人参やクコの実など10種類以上のハーブをブレンドしたお酒。フルーティーな味わいで飲みやすいのに二日酔いになりにくい。ソジュやチャミスルと半々で割って飲むのを五十歳酒（オシプセジュ）と呼ぶ。

眞露 is back

韓国生まれの焼酎。ストレートやロック、カクテルなどいろんな飲み方ができる。写真は韓国のレトロブームにあやかり、1924年に発売された眞露の復刻版。アルコール度数16度のスッキリした味わい。

韓国映画やドラマでよく飲まれているソジュ（韓国焼酎）をはじめ、ペクセジュ（百歳酒）やマッコリなど韓国ではたくさんのお酒が親しまれています。健康意識の強い、韓国ならではのソフトドリンクも紹介。どのドリンクも日本で手に入るので、探してみてね。

バナナ豆乳

韓国の国民的飲み物と言っても過言ではないバナナ牛乳。その豆乳バージョンがこちら。調整豆乳なので甘くて飲みやすく、子どもにもおすすめ。ダイエット飲料としても◎。

ボンボンジュース

子どもから大人まで韓国で大人気のジュースがこのボンボンジュース。大きめな果肉が入っている。ブドウやナシのほかにもモモ、パイナップルなど種類がたくさん。

牛乳

写真は韓国の学校でも出されているソウル牛乳。韓国で最も飲まれている牛乳となる。ソウル牛乳にはいろんなフルーツがブレンドされたものも。パッケージもかわいい。

缶コーヒー

韓国でよく飲まれている缶コーヒーで、商品名はレッツビコーヒー。韓国の缶コーヒーの特徴は甘くて薄いこと。ホットでゆっくり飲むというより、常温か冷やしてゴクゴク飲みたい。

韓国のビール

日本のビールに比べて薄いのが特徴。ソジュ（焼酎）をメクチュ（ビール）で割って飲む、ソメクにしたときにこの薄さがちょうどいい。韓国のビールにもいろんな種類があるので、試してみて。

二日酔い解消の炭酸飲料

商品名はケスカン。二日酔い解消に効く緑茶、わかめ、ひじきなど6種類を原料とした炭酸飲料。パッケージの爽やかさとは裏腹に中身は濃い茶色の見た目で、薬草っぽい風味。ちゃんと効きそう。

チャミスル（オリジナル）

赤いキャップが目印（フルーツフレーバーのチャミスルと間違えないで！）。このオリジナルはアルコール度数20.1度と少し高め。キンキンに冷やしてストレートで飲むのが現地流。

ジョウンデー

ジョウンデーとは良い日という意味。ムハク社が製造している釜山の焼酎のひとつで、キシリトールが強めで爽やか。チャミスルよりも飲みやすく若者に人気。

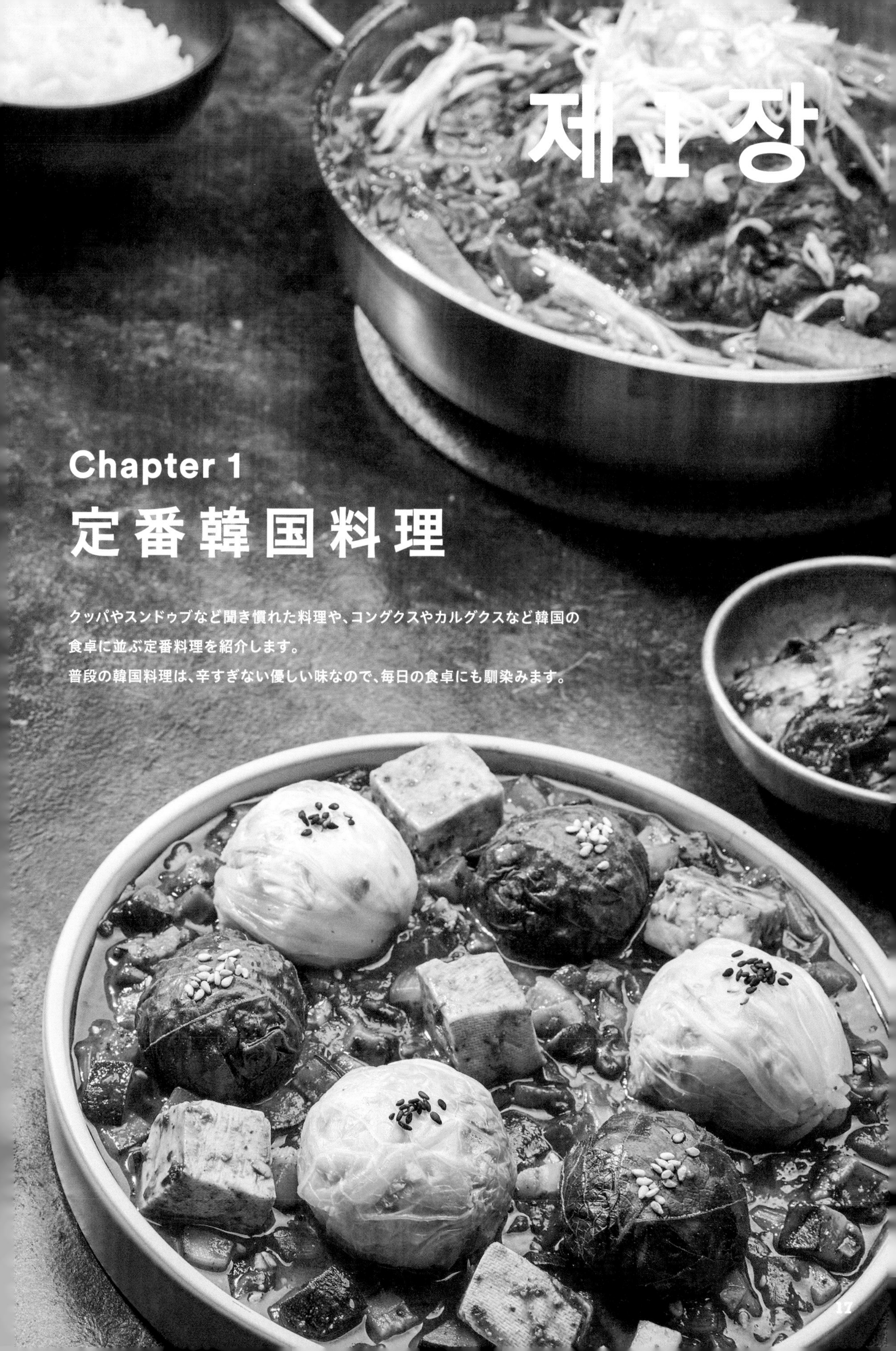

제1장

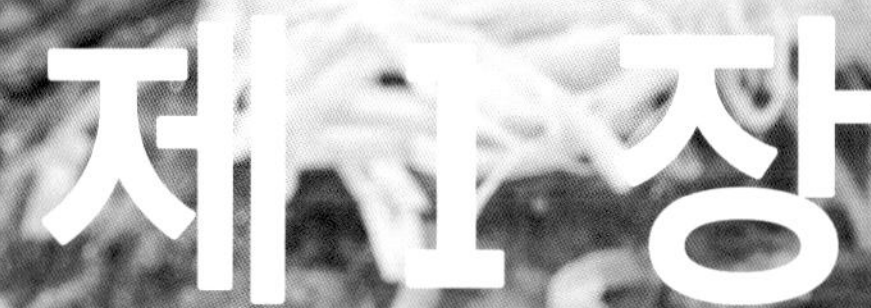

Chapter 1
定番韓国料理

クッパやスンドゥブなど聞き慣れた料理や、コングクスやカルグクスなど韓国の食卓に並ぶ定番料理を紹介します。
普段の韓国料理は、辛すぎない優しい味なので、毎日の食卓にも馴染みます。

グルクッパ

굴국밥

牡蠣(かき)クッパ

スープにご飯を入れた韓国の雑炊、クッパ。栄養満点の牡蠣をたっぷり使ったクッパは、
疲れたときや風邪気味のときに食べたい栄養たっぷりのメニューです。二日酔いにも効果抜群。

材料（2人分）

生牡蠣	3パック（約300g）
ご飯	2人分（約400g）
大根（短冊切り）	70g
カットわかめ（水で戻す）	2g
豆もやし	100g
A にんにく（すりおろし）	大さじ1/2
A イワシエキス	大さじ3
米のとぎ汁（水でも可）	2ℓ
青唐辛子（輪切り）	1本
ニラ（4cm長さに切る）	30g
粉唐辛子（お好みで）	適量
白ごま（お好みで）	適量
卵（お好みで）	2個

作り方

1 鍋に米のとぎ汁を入れ火にかけ、一煮立ちしたら、大根、わかめ、豆もやしを入れさらに煮立たせる。

2 A、牡蠣、青唐辛子を入れ、沸騰したら火を止める。

3 器、またはあれば温めたトゥッペギ（土鍋）にご飯を盛り、2を入れる。

4 ニラをのせ、お好みで卵を割り入れ、粉唐辛子・白ごまをかける。

コンナムルソッパッ

콩나물솥밥

豆もやし釜飯（かまめし）

作り方はかんたん、栄養バランスが良い、食欲そそる見映え、三拍子そろった韓国の家庭料理。
一品で満足できるので、忙しい日にも。メインに肉料理があるときは、肉なしでつくるのもOK。

材料（2人分）

豆もやし		400g
米		2合
水		2カップ
A	牛ひき肉	100g
	醤油	大さじ1/2
	みりん	大さじ1
	にんにく（すりおろし）	小さじ1
	塩・こしょう	適量

〈ヤンニョンジャン〉

醤油	大さじ6
粉唐辛子	大さじ1
砂糖	大さじ1/2
ごま油	大さじ1
えごま油	大さじ1
白ごま	大さじ1
小ネギ（小口切り）	大さじ2

作り方

1 米をといで鍋に入れ、水に浸して30分おく。

2 ボウルにAを入れ混ぜ合わせる。

3 1の鍋に2を入れて強火にかけ、沸騰したら全体を混ぜて弱火にし、ふたをして10～15分炊く。

4 3に洗った豆もやしを加え、ふたをして弱火で5分ほど加熱する。火を止めて、そのまま10分ほど蒸らす。

5 ボウルにヤンニョンジャンの材料を全て入れ混ぜ合わせる。

6 器にできあがった4のごはんを盛り、5のヤンニョンジャンをかける。

タノバクヨンヤンパッ

단호박영양밥

かぼちゃ栄養ご飯

見た目が華やかで栄養たっぷり。本場韓国では、外食先でかぼちゃ栄養ご飯とメイン料理を頼んで数人でシェアするのが定番の楽しみ方です。かぼちゃをくずしてごはんと混ぜても◎！

材料（2～4人分）

かぼちゃ（小）		1玉
米		1合
餅米		1/2合
雑穀米		1/2合
水		360㎖
A	乾燥なつめ	5個
	ひまわりの種・かぼちゃの種・レーズンなど	各少量
	銀杏（水煮）	7個
	昆布	5g
	塩	小さじ2
栗甘露煮		7個

作り方

1 米と餅米は洗って1時間ほど水（分量外）に浸してから水けをきる。
2 Aのなつめは包丁で種を取り除いて、3等分に切る。

3 炊飯器の釜に雑穀米、1、A、水を入れ、軽くかき混ぜてから炊く。
4 かぼちゃは表面を洗う。濡らしたキッチンペーパーで包んだらさらにラップをかけ、レンジ（600W）で5分ほど加熱する。
5 少し柔らかくなったら、上から1/4くらいのところで横にカットして、スプーンなどで種とワタを取り除く。

6 米が炊き上がったら、釜に栗甘露煮を入れて混ぜ、5に詰める。
7 6をレンジで10分ほど加熱し、全体を柔らかくする（かぼちゃの大きさによって加熱時間は調整）。
8 器に盛り、食べやすい大きさに切り分ける。

サムパッ

쌈밥

包みご飯

韓国語で「包む」という意味の「サム」。普段は各々食卓で包みながら食べますが、
特別な日はまんまるく包んできれいに並べて。ミニチュアのキャベツ畑のようなかわいらしい料理です。

材料（2人分）

白菜（葉の部分）	5枚ほど
えごまの葉	5枚ほど
豆腐（絹・2cm角に切る）	100g
エホバク（ズッキーニでも可・1cm角に切る）	1/2個
玉ねぎ（1cm角に切る）	1/2個
椎茸（1cm角に切る）	3個
牛ひき肉	200g
醤油	小さじ1
塩・こしょう	適量
A 韓国味噌	大さじ2
A コチュジャン	大さじ1/2
A 粉唐辛子	大さじ1
A にんにく（みじん切り）	大さじ1
A 砂糖	小さじ1
A だし汁	250㎖
ご飯	2人分
ごま油	大さじ1
白ごま・黒ごま	適量
サラダ油	適量

包む葉は、キャベツ、ケール、サンチュ、レタスなどでも代用できます。

作り方

1 鍋に湯を沸かし、白菜、えごまの葉を入れ20秒ほど茹でたら冷水に取って水けをきる。

2 フライパンを中火で熱しサラダ油をひき、牛ひき肉、醤油、塩・こしょうを入れ、牛肉に火が通るまで炒める。

3 2をボウルに取り出して、ご飯、ごま油を加え混ぜ合わせる。

4 2のフライパンの油をキッチンペーパーで軽く拭きとり、サラダ油を中火で熱し、エホバク、玉ねぎ、椎茸を入れ軽く火が通るまで炒める。

5 4にAと豆腐を加えて煮詰め、とろみが出たら火を止める。

6 1に軽くにぎった3をのせ、丸く包む。

7 器に5を盛り、6を並べて白ごま、黒ごまをかける。

肉コチュジャンビビンパ

ご飯にかけても、サニーレタスやサンチュに包んでもおいしくいただける肉コチュジャンは、韓国では保存食の定番。家庭によっては、肉1kg分まとめて作って冷凍しておくことも！

材料（2人分）

豚ひき肉		350g
ご飯		2人分
こしょう		少々
にんにく（すりおろし）		大さじ1
A	コチュジャン	大さじ5
	醤油	大さじ1
	砂糖	大さじ3
	ごま油	大さじ2
	白ごま	大さじ1
	黒ごま	大さじ1
ニラ（4cm長さに切る）		20g
長ネギ（みじん切り）		1/2本
温泉卵		2個
サラダ油		大さじ2

作り方

1 ボウルに熱湯（分量外）と豚ひき肉を入れ、箸などでほぐして油抜きをしたら、ザルにあげておく。

2 フライパンを中火で熱しサラダ油と長ネギを入れて香りが出るまで炒めたら、1、こしょう、にんにくを入れ、肉に火が通るまで炒める。

3 弱火にしてAを加え、焦げないように10分ほど炒める（肉コチュジャン）。

4 器にご飯を盛り3をのせ、その上にニラと温泉卵をのせる。

甘辛イカ丼

甘辛く炒めたイカは、ご飯にのせずに単品でおかずとして食べるのも◎。
冷めると味がぎゅっと染み込んで旨味が増すので、韓国ではお弁当のおかずとしてもよく使われています。

材料（2人分）

スルメイカ（内臓下処理済）		2杯（約500g）
ご飯		2人分
玉ねぎ（くし切り）		1個
ニンジン（半月切り）		1/3個
長ネギ（斜め切り）		約10cm
ベビーリーフ		1袋
A	粉唐辛子	大さじ2
	コチュジャン	大さじ3
	醤油	大さじ1
	酒	大さじ1
	カレー粉	小さじ1/2
	生姜の絞り汁	大さじ1
砂糖		大さじ3
サラダ油		大さじ1
ごま油		適量
白ごま		適量

作り方

1. イカは開いて身の内側を上にして、5mm幅で斜め格子状に切り目を入れたら、食べやすい大きさに切る。ゲソは一本ずつに切り分ける。
2. ボウルにAを入れて混ぜ合わせる。
3. フライパンを中火で熱しイカを入れ、焼き色がつくまで焼いたら取りおく。
4. フライパンの汁けをキッチンペーパーで軽く拭きとり、玉ねぎ、ニンジン、長ネギを入れ、焼き色がつくまで焼いたら取りおく。
5. 4のフライパンを強火で熱しサラダ油と砂糖を入れ、茶色っぽくなってきたら3と4を戻し軽く炒める。
6. 2を加えて素早く炒めたら火を止める。
7. 器にご飯を盛り、6とベビーリーフをのせたら、ごま油と白ごまをかける。

ソースは味が濃いので、加える量はお好みで加減します。

オジンオトッパプ
오징어덮밥

フェドッパプ

회덮밥

刺身丼

コチュジャンだれをそえるだけで、いつもの海鮮丼が韓国料理に大変身！
刺身パックとカット野菜さえあればでかんたんにつくれるので、忙しい日にもぴったりな優秀メニュー。

材料（2人分）

	鯛（刺身用・一口大に切る）	500g
	とびっこ	大さじ2
	ご飯	2人分
A	コチュジャン	大さじ3
A	酢	大さじ3
A	韓国水飴	大さじ3
A	にんにく（すりおろし）	大さじ1
A	サイダー	大さじ2
A	白ごま	小さじ1
B	サニーレタス（千切り）	各少量ずつ
B	えごまの葉（千切り）	各少量ずつ
B	玉ねぎ（薄切り）	各少量ずつ
B	ニンジン（千切り）	各少量ずつ
B	きゅうり（千切り）	各少量ずつ
	たくあん（みじん切り）	20g
	ごま油	大さじ1
	かいわれ大根	少量
	韓国のり（刻み）	あればで可

作り方

1 ボウルにAを入れ混ぜ合わせる。
2 器にご飯を盛りごま油をかけ、鯛、B、とびっこ、たくあんをのせ、最後にかいわれ大根を飾る。
3 1のたれと韓国のりをかけて、混ぜながら食べる。

野菜の代わりに市販のミックスサラダでも代用できます。

鉄板ステーキビビンパ

イベントや記念日など、ちょっぴり特別な日に振る舞われる、ボリューム満点の豪華メニュー。
肉と野菜をワンプレートに盛りつけるのが、食卓を華やかに演出するポイントです。

材料（2人分）

牛ステーキ肉（常温に戻す）		2枚
ご飯		2人分
A	コチュジャン	大さじ2
	マヨネーズ	大さじ1/2
	はちみつ	大さじ1
	こま油	小さじ1
	白ごま	小さじ1
ほうれん草（サラダ用）		適量
ミックスベジタブル（ニンジン・コーン・グリーンピース）		30g
バター		20g
オリーブオイル		適量
塩・ブラックペッパー		各適量
卵		2個
フライドガーリック		適量
サラダ油		適量

作り方

1 ステーキ肉は筋切りをして一口大に切ったら、オリーブオイル、塩、ブラックペッパーをかけておく。
2 ボウルにAを入れ混ぜ合わせる。
3 フライパンを中火で熱しサラダ油をひき、卵を割り入れ目玉焼きを作る。
4 スキレット（フライパンでも可）を中火で熱しバターを入れ、1を焼いて片面に焼き目がついたら裏返し、スキレットの片側に寄せる。
5 もう片方にはご飯を入れ、さらにほうれん草と解凍したミックスベジタブルをのせて火を止める。
6 5の上に3の目玉焼きと2をのせて、フライドガーリックをかける。

ステイクドッパプ
스테이크덮밥

サンドミプルコギチョンゴル

산떠미불고기전골

山積みプルコギ寄せ鍋

肉と野菜がたっぷり入った、一品で栄養バランスのとれる定番家庭料理。
プルコギ寄せ鍋をメインに、キムチとご飯を並べれば、本場韓国の食卓のできあがり！　お酒とも相性抜群です。

材料（2人分）

牛肉（薄切り）		500g
もやし		2袋
ニンジン（短冊切り）		1/3個
えのき（石づきを落とす）		1/2パック
春雨（水で戻す）		50g
長ネギ		1本
玉ねぎ（薄切り）		1/2個
A	醤油	80ml
	砂糖	大さじ5
	牛肉ダシダ	小さじ1
	うま味調味料	小さじ1/2
	ごま油	大さじ1
	にんにく（すりおろし）	大さじ1
	水	600㎖

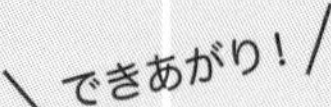

作り方

1 長ネギの白い部分は芯を取り除き、繊維に沿って端から細く切って水にさらしておく（白髪ネギ）。青い部分は小口切りにする。

2 ボウルにAを入れ混ぜ合わせる。

3 鍋に玉ねぎ、ニンジン、えのき、春雨を敷き、その上にもやしを山になるようにのせ、牛肉をかぶせる。

4 3の牛肉の上に1のネギをのせて2を入れ、中火にかけて沸騰させる。

5 全体をよく混ぜながら、牛肉に火が通るまで煮る。

カルラクタン

갈낙탕

牛カルビとタコのスープ

本場韓国では、タコが生の状態のまま食卓に出して火にかけて、火が通ったタイミングでハサミで切り分けながら食べます。お酒を片手にゆっくり楽しめる、大人の鍋料理です。

材料(2～4人分)

牛骨つきカルビ		1kg
タコ(生食用・下処理済み)		400g
ホンビノス貝(砂抜きする)		6個
A	玉ねぎ(半分に切る)	1個
A	長ネギ(10cm幅に切る)	1本
A	ローリエ	5枚
大根(5mm幅のいちょう切り)		1/3本
にんにく(すりおろし)		小さじ1
塩・こしょう		適量
チンゲンサイ(縦に四等分に切る)		1株
小ネギ(小口切り)		適量
糸唐辛子		適量
生姜(薄切り)		1片
ブラックペッパー(ホール)		大さじ1

生の水タコを使う場合
ボウルに水タコを入れて、塩(ひとにぎり)をかけ、全体に塩を揉み込みながら表面のぬめりを落とします(吸盤の中までしっかり洗わないと臭みが取れません)。十分に塩揉みしたあと、流水で塩やぬめりを洗い流します。

作り方

1 牛骨つきカルビは水に1時間浸して血抜きをし、流水で軽く洗う。
2 鍋に1が浸かるほどの湯を沸かし、生姜、ブラックペッパーを入れ、再度沸騰させたら火を止める。
3 茹で汁はそのまま捨て、牛骨つきカルビは流水で汚れやアクなどを取り除きながら洗う。

4 鍋にAと3を入れ、具材がかぶるぐらいの水を加えて強火をかけ、沸騰したら中火にして30分ほど煮る。

5 Aを取り出し、大根、にんにく、塩・こしょうを加え、30分ほど煮る。
6 タコ、ホンビノス貝、チンゲンサイを入れ、5分ほど煮る。
7 器に6を盛り、小ネギと糸唐辛子を散らす。

オイネングク

오이냉국

きゅうりの冷たいスープ

韓国の夏に欠かせない冷たいスープ。スープに浮かべた氷と薄く切ったきゅうりが涼しげで、夏バテに効く一品です。きゅうりの食感×スッキリしたお酢の風味は、食欲増進効果が抜群！

材料（2人分）

きゅうり（薄切り）		2本
A	にんにく（すりおろし）	小さじ1
	酢	大さじ6
	塩	大さじ1/2
	砂糖	大さじ3
	白ごま	適量
水		600㎖
氷		適量
青・赤唐辛子（輪切り）		各1/2本

作り方

1 ボウルにきゅうり、Aを入れ混ぜる。
2 1に水、氷を入れる。
3 器に注ぎ、唐辛子を散らす。

スンドゥブチゲ
순두부찌게
純豆腐チゲ

韓国語で鍋料理という意味の「チゲ」は、いろいろなバリエーションで日本でも有名な料理。
韓国では、具材を食べたあとのシメとして、インスタントラーメンを入れるのも人気です。

材料（2人分）

豆腐（絹・一口大に切る）	300g
豚ひき肉	50g
有頭えび	2尾
あさり（砂抜きする）	100g
玉ねぎ（1cm幅に切る）	1/2個
長ネギ（輪切り）	10cm
エホバク（ズッキーニでも可・1cm角に切る）	1/3本
青唐辛子（輪切り）	1本
粉唐辛子	大さじ3
A 牛肉ダシダ	小さじ1
A カナリエキス	小さじ2
A 醤油	小さじ1
A 砂糖	小さじ1
にんにく（すりおろし）	大さじ1
米のとぎ汁（水でも可）	450〜500㎖
卵	1個
塩・こしょう	少々
ごま油	大さじ2
サラダ油	大さじ2

作り方

1 鍋を中火で熱しごま油とサラダ油をひき、長ネギ（半量）を入れ、香りが出るまで炒める。
2 豚ひき肉を加え、しっかり火が通るまで炒める。
3 粉唐辛子、玉ねぎ、にんにく、塩・こしょうを加え混ぜるように炒めたら、Aを加えて全体になじむように炒める。
4 とぎ汁を入れ、沸騰したらえび、あさり、エホバク、青唐辛子を入れ、あさりの口が開くまで煮る。
5 豆腐を加え、豆腐が温まるまで煮る。
6 卵を割り入れる。

ブデチゲ

부대찌개

ブデチゲ

いろいろな具材と一緒にのせたインスタントラーメンがポイントのブデチゲ。部隊(ブデ)チゲの名前の由来は、在韓米軍から流れてきたスパムやソーセージをキムチチゲに入れたことが始まりとされています。

材料(2人分)

牛ひき肉		50g
A	スパム(一口大に切る)	1/2缶
	ウィンナー(一口大に切る)	5個
	豆腐(木綿)(一口大に切る)	100g
	キムチ(一口大に切る)	50g
長ネギ(縦にざく切り)		1/2本
玉ねぎ(くし切り)		1/2個
豆もやし		100g
B	醤油	大さじ1
	コチュジャン	大さじ1
	粉唐辛子	大さじ2
	みりん	大さじ2
	にんにく(すりおろし)	大さじ1
	水	30㎖
	塩・こしょう	少々
米のとぎ汁(水でも可)		600㎖
チェダーチーズ(スライス・お好みで)		1枚
インスタントラーメン(麺のみ)		1袋

作り方

1 ボウルにBを入れ混ぜ合わせる。

2 鍋に豆もやしをしき、A、長ネギ、玉ねぎ、牛ひき肉を並べる。1を入れたら、米のとぎ汁を加える。

3 2を中火にかけ沸騰したらラーメンを入れ、お好みでチーズを加える。

テグタン

대구탕

タラ鍋

韓国では、まるまる一匹のタラを姿のまま使って、辛いスープで煮ます。
ここでは、手に入れやすいタラの切り身を使ったアレンジメニューをご紹介しています。

材料（2人分）

タラ		4〜5切れ
あさり（砂抜きする）		100g
大根（5mm幅のいちょう切り）		100g
玉ねぎ（くし切り）		1/2個
長ネギ（小口切り）		1/2本
しめじ（石づきをとる）		1/2パック
青・赤唐辛子（輪切り）		各1本
春菊（茎を除き一口大に切る）		適量
A	クッカンジャン（薄口醤油でも可）	大さじ2
A	韓国味噌	大さじ1/2
A	粉唐辛子	大さじ2
A	にんにく（すりおろし）	大さじ1
A	イワシエキス	大さじ1
A	生姜の絞り汁	大さじ1
A	こしょう	少々
酒		大さじ1
米のとぎ汁（水でも可）		1ℓ

作り方

1 タラは酒をふりかけておく。

2 ボウルにAを入れ混ぜ合わせる。
3 鍋に大根と米のとぎ汁を入れ、中火にかけ沸騰したら、1と2を入れてふたをする。
4 3が沸騰したら、あさり、玉ねぎ、しめじ、長ネギ、唐辛子を入れ、あさりの口が開くまで煮る。

5 器に盛り、春菊を飾る。

スパムチャグリ

스팸짜글이

スパムと野菜の辛煮

豚肉のスパムは、韓国ではどこの家庭でも常備している保存食のひとつ。
スパムと野菜を煮たスパムチャグリは、冷蔵庫の中にあるものでささっとつくれる、韓国の家庭の味です。

材料（2人分）

スパム		1缶
豆腐（木綿）		300g
じゃがいも（1cm角に切る）		2個
玉ねぎ（1cm幅に切る）		1個
長ネギ（小口切り）		1/2本
青・赤唐辛子（お好みで・輪切り）		各1本
A	だし汁（煮干し）	400㎖
	醤油	大さじ2
	韓国味噌	大さじ1/2
	粉唐辛子	大さじ2
	コチュジャン	大さじ2
	にんにく（すりおろし）	大さじ1
	砂糖	大さじ1
	酒	大さじ2
	こしょう	適量

作り方

1 ポリ袋にスパム、豆腐を入れ、手で粗めにつぶす。

2 鍋にAとじゃがいもを入れ、中火にかけ沸騰したら、1と玉ねぎを加え、じゃがいもに火が通るまで煮る。

3 長ネギ、唐辛子を加え、ひと煮立ちさせたら火を止める。

All you need is Namul.

オモニの味　ナムル

エホバククイナムル
애호박구이나물
エホバク焼きナムル

材料（2人分）

エホバク（縦半分に切り5mm幅の斜め切り）		1本
A	クッカンジャン（薄口醤油でも可）	大さじ1/2
A	粉唐辛子	小さじ1
A	醤油	小さじ1
A	砂糖	小さじ1
A	梅エキス	小さじ1
A	にんにく（すりおろし）	小さじ1
A	えごま油	小さじ1
青・赤唐辛子（千切り）		各1/2本
白ごま		大さじ1

作り方

1 フライパンを中火で熱しエホバクを入れ、両面焼き色つくまで焼いたら、キッチンペーパーの上にとり余分な水分を取る。
2 ボウルにAを入れ混ぜ合わせる。
3 2に1、唐辛子、白ごまを加え混ぜ合わせる。

ガジナムル
가지나물
なすのナムル

材料（2人分）

なす（ヘタを落として縦4等分に切る）		4～5本（約400g）
A	醤油	大さじ1
A	カナリエキス	大さじ1
A	砂糖	小さじ2
A	にんにく（すりおろし）	大さじ1/2
A	ごま油	大さじ1
小ネギ（小口切り）		2本
白ごま		適量

作り方

1 なすは蒸し器に並べて強火で3分ほど蒸し、火を止めふたをしたまま2分ほどおく。
2 粗熱がとれたら、箸やフォークを使って縦半分に裂き、軽く水分を絞る。
3 ボウルにAを入れ混ぜ合わせる。
4 3に2、白ごま、小ネギを加え混ぜ合わせる。

韓国料理店ではメイン料理が出てくる前に、小皿に乗った、さまざまなおかずが出てきます。
現地ではパンチャンと親しまれ、その代表がナムルやキムチです。
本書のコラムでは、いろいろな味のパンチャンを紹介します。 →キムチ(P.68、123) →チャンアチ(P.122)

シグムチテンジャンムチム

시금치된장무침

ほうれん草の味噌和え

材料(2人分)

ほうれん草		1.5束(約300g)
A	韓国味噌	大さじ1/2
	コチュジャン	大さじ1/2
	にんにく(すりおろし)	大さじ1/2
	ごま油	大さじ1/2
	白ごま	適量
塩		小さじ1
小ネギ(小口切り)		大さじ1

作り方

1 ほうれん草は根元を切り落として洗う。
2 鍋に湯を沸かし、1、塩を入れ、30秒ほど茹でたらザルに上げる。冷水にとり軽く水けを絞る。
3 2を食べやすい大きさに切る。
4 ボウルにAを入れ混ぜ合わせる。
5 4に3、小ネギを加え混ぜ合わせる。

ムーセンチェ

무생채

千切り大根ナムル

材料(2人分)

大根(皮をむいて千切り)		700g
A	粉唐辛子	大さじ4
	イワシエキス	大さじ1
	にんにく(すりおろし)	大さじ1
	砂糖	大さじ1
	塩	大さじ1/2
	酢	大さじ3
	梅エキス	大さじ1
	ヤクルト	30㎖
小ネギ(小口切り)		大さじ2
白ごま		適量
ごま油(お好みで)		適量

作り方

1 ボウルに大根、Aを入れ混ぜ合わせる。
2 1に小ネギ、白ごまを加えて混ぜ合わせ、お好みでごま油を回しかける。

ミョンドンカルグクス

명동칼국수

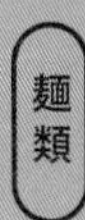

明洞カルグクス

(ミョン ドン)

ソウル最大の繁華街、明洞で大人気のカルグクスのレシピを再現。明洞を発祥として広がったカルグクスは、今は韓国のいろいろな地域で食べられますが、地域によって味が違います。

材料（2人分）

生うどん（打ち粉を落とす）		2玉
鶏がらスープの素		大さじ3
水		1.5ℓ
玉ねぎ（千切り）		1個
エホバク（ズッキーニもで可・千切り）		1/2個
ニラ（4cm長さに切る）		20g
塩・こしょう		少々
クッカンジャン（薄口醤油でも可）		大さじ1
にんにく（すりおろし）		小さじ1
ごま油		小さじ1

〈ワンタン〉

	ワンタンの皮	6枚
A	鶏ひき肉	40g
A	長ネギ（みじん切り）	5cm
A	塩・こしょう	少々

〈薬味-付け合わせ〉

B	牛ひき肉	200g
B	醤油	大さじ1
B	みりん	小さじ1
B	塩・こしょう	適量
B	にんにく（すりおろし）	小さじ1
B	ごま油	小さじ1

作り方

1 ボウルにAを入れ粘り気が出るまで混ぜ合わせる。

2 1を6等分してワンタンの皮で包み、ワンタンを作る。

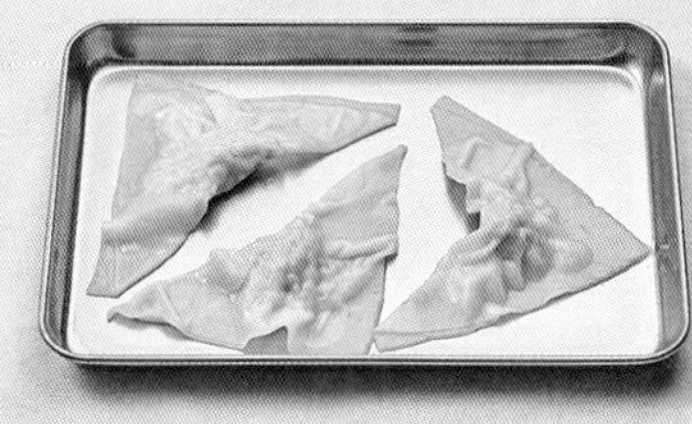

3 フライパンを中火で熱しBを入れ、牛ひき肉に火が通るまで炒めたらとりおく。
4 3のフライパンに玉ねぎを入れ、色が変わるまで炒めたらエホバクを加える。
5 ごま油、塩・こしょうを加え、具材がしんなりするまで炒める。
6 鍋に水、鶏ガラスープの素を入れて煮立たせ、クッカンジャン、にんにく、生うどんを加え茹でる。
7 6に2を入れワンタンが浮きあがってきたら、とりあげて湯切りする。うどんが茹で上がったら火を止める。
8 器に7のうどんを盛り、3、5、ニラ、7のワンタンをのせ、7のスープを注ぐ。

オルクンヘムルチャンポン

얼큰해물짬뽕

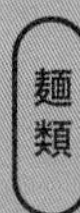

ピリ辛海鮮チャンポン

日本のちゃんぽんとは一風変わった、赤いスープが特徴の韓国のチャンポン。
韓国では中華料理として親しまれています。太麺に魚介の旨味が染み出したスープが絡む絶品レシピ。

材料（2人分）

中華麺（太）	2玉
スルメイカ（内臓下処理済）	1杯
ムール貝（ボイル済）	10個
有頭えび	4尾
キャベツ（ざく切り）	1/4個
ニンジン（短冊切り）	1/2個
椎茸（薄切り）	3個
長ネギ（4cm幅に切る）	1本
玉ねぎ（くし切り）	1個
ズッキーニ（縦半分に切って5mm幅の斜め切り）	1/2本
赤・青唐辛子（輪切り）	各1個
粉唐辛子	大さじ4
醤油	大さじ2
オイスターソース	大さじ2
にんにく（すりおろし）	大さじ1
カナリエキス	小さじ1
塩・こしょう	適量
水	1.5ℓ
サラダ油	適量
ラー油（お好みで）	適量

作り方

1 スルメイカの胴は1cm幅の輪切り、ゲソは一本ずつに切り分ける。

2 深めのフライパンを中火で熱しサラダ油をひき、にんにくと長ネギを入れ、香りが出るまで炒める。
3 粉唐辛子、キャベツ、玉ねぎ、ニンジン、ズッキーニ、椎茸を入れて炒める。
4 野菜がしんなりしてきたら、醤油、オイスターソース、カナリエキス、赤・青唐辛子を加え、全体を混ぜるように炒める。
5 1、ムール貝、えび、水を加え、沸騰したら、塩・こしょうで味付けし、5分ほど煮る。

6 別の鍋に湯を沸かし中華麺を入れ、袋の表示通りに茹で、湯を切ってから器に盛る。
7 6に5の具材とスープを注ぎ、お好みでラー油をかける。

トゥルギルムマッグクス

들기름 막국수
えごま油の冷そば

トゥルギルム(えごま油)は、いま韓国で注目されている食材のひとつ。
昔ながらの蕎麦粉でつくった麺「マッグス」とえごま油を組み合わせた、最近の韓国料理です。

材料(2人分)

生そば		2玉
A	めんつゆ(3倍濃縮)	大さじ1
A	砂糖	大さじ1
A	えごま油	大さじ2
きゅうり(千切り)		1/2個
錦糸卵		適量
韓国のり(刻み)		適量
黒ごま		適量

作り方

1 ボウルにAを入れ混ぜ合わせる。
2 鍋に湯を沸かし、そばを入れて袋の表示通りに茹でる。冷水にとって軽くもみ洗いし、ザルにあげて水けをきる。
3 器に2、きゅうり、錦糸卵、韓国のり、黒ごまを盛り、Aをかけて混ぜる。

コングクス
콩국수
豆乳冷麺

夏の昼食としてよく登場する韓国の家庭料理、コングクス。食欲がないときもつるっと食べられて、たっぷり使った豆乳で栄養もとることができます。素麺のかわりにご飯を入れても◎。

材料(2人分)

豆腐(木綿)	300g
豆乳(無調整)	2カップ
素麺	2束
塩	小さじ1
きゅうり(千切り)	1/2本
松の実	適量
白ごま	適量
氷(お好みで)	適量

作り方

1 ミキサーに豆腐、豆乳を入れ攪拌したら、塩を加えて味付けする。
2 鍋に多めの湯を沸かし素麺を入れ、袋の表示通りに茹でる。冷水にとって軽くもみ洗いし、ザルにあげて水けを切る。
3 器に2の素麺を盛り、1のスープを注ぐ。
4 3にきゅうりをのせ、松の実、白ごまをかける。お好みで氷を入れる。

チャンチグクス

잔치국수

チャンチグクス

昔の韓国では、結婚式のおもてなしとして振る舞われていたチャンチグクス。
韓国の家庭では、親が年頃の子供に「いつチャンチグクスを食べさせてくれるの？」なんて冗談を言うことも。

材料（2人分）

素麺		2束
A	煮干し	20g
A	昆布	5g
A	水	1.5ℓ
B	キムチ（みじん切り）	150g
B	砂糖	小さじ1
B	ごま油	大さじ1
エホバク（千切り）		1/2本
長ネギ（小口切り）		1本
クッカンジャン（薄口醤油でも可）		大さじ1
韓国のり（刻み）		適量
錦糸卵		適量
粉唐辛子（お好みで）		適量

〈ヤンニョンジャン〉

醤油	大さじ2
粉唐辛子	大さじ1
砂糖	大さじ1/2
ごま油	大さじ1
長ネギ（みじん切り）	10cm
白ごま	大さじ1

作り方

1 ボウルにBを入れ混ぜ合わせる。
2 別のボウルにヤンニョンジャンの材料を全て入れ混ぜ合わせる。

3 フライパンを中火で熱しサラダ油をひき、エホバク、塩（ひとつまみ・分量外）を入れて軽く炒める。
4 鍋にAを入れ中火にかけ15分ほど煮出したら、煮干しと昆布を取り除き、クッカンジャン、長ネギを入れて一煮立ちさせる。

5 別の鍋に多めの湯を沸かし素麺を入れ、袋の表示通りに茹で、冷水にとって軽くもみ洗いし、ザルにあげて水けをきる。
6 器に5の麺を盛り、1、3をのせて4のスープを注ぎ、のり、錦糸卵、2をのせる。
7 お好みで粉唐辛子をかける。

バジラク カルグクス

바지락칼국수

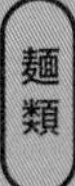

あさりの温麺

たっぷり入ったあさりと、喉ごしの良いうどんが、食欲のない日や二日酔いの日にぴったりな身体に優しいメニュー。
仕上げに糸唐辛子をのせるのが韓国風に仕上げるポイントです。

材料（2人分）

生うどん（打ち粉を落とす）		2玉
あさり（砂抜きする）		300g
玉ねぎ（薄切り）		1個
A	水	1.5ℓ
	昆布	5g
	長ネギ（白い部分・半分に切る）	1/2本
B	クッカンジャン（薄口醤油でも可）	大さじ1
	イワシエキス	大さじ1
	おろしにんにく	大さじ1/2
	塩・こしょう	適量
長ネギ（青い部分・小口切り）		1/2本
糸唐辛子（あれば で可）		適量

作り方

1 鍋にA、玉ねぎを入れ中火にかけ15分ほど煮出したら、昆布と長ネギを取り除き、あさりを加える。

2 あさりの殻が開いたら、あさりをとりおく。

3 2の鍋に生うどん、Bを加える。

4 あさりを鍋に戻し、長ネギ（小口切り）を加え、うどんが茹で上がったら火を止める。

5 器に4を盛り、糸唐辛子をのせる。

韓国の食器と道具

チョッカラ(箸)とスッカラ(匙)

韓国の飲食店では、使い捨て用品が法律で規制されていることから、割り箸などは使用されない。このため、銀やステンレスで作られたスッカラやチョッカラが使用される(ちなみに合わせてスチョと呼ぶ)。日本の箸とは違い、チョッカラの箸先は角張っている。これは、麺類などを食べるときにすべらないようにするため。また、ジョンなどを切り分けるのにも重宝するようだ。スッカラは柄が長いのが特徴で、例えば器の熱いスープやビビンパなどをかき混ぜるときに大活躍する。

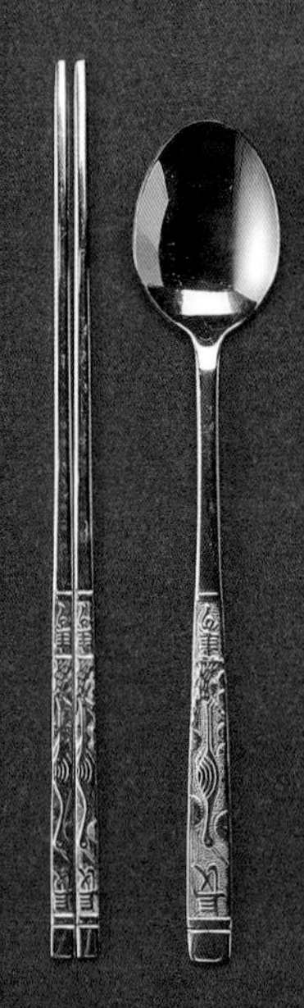

トゥッペギ(土鍋)

韓国料理屋でチゲを頼めば、たびたび登場するトゥッペギ。韓国では熱いものは、できたてを熱々の状態で食べるのが一般的。だから、この鍋で料理して、そのまま食卓へ持っていくのだ。下の受け皿を外せば、そのまま火にかけられるので、温めながら食べることもできる。食べるときは、小鉢などに移し替えたりせず、スッカラをそのまま突っ込んで食べるのが現地流。つまりトゥッペギは人数分必要。ちなみにトゥッペギを洗うときは、鉄鍋同様、洗剤は使わず水洗いが基本。

ソジュグラス

韓国屋台で頻出するお酒といえばソジュ(韓国焼酎)。韓国の映画やドラマで、このグラスでソジュをグイッと飲む姿は印象的だ。デザインは数多くあれど、大きさはどれもさほど変わらない。日本の焼酎の多くは原料が米、麦、サツマイモなどの穀物なのに対し、ソジュは穀物のほかに、タピオカ、トウモロコシなど複数の原料を混ぜて作られ、例えば米焼酎のように、材料で呼ぶことはない。また日本の焼酎に比べ、韓国焼酎は度数が15〜20度と低いのも特徴。

コンギ(ご飯茶碗)

韓国で白米を頼むとこのステンレス製の茶碗に入れられて運ばれてくることが多い。陶器の茶碗もあるにはあるが、なぜこのステンレス製が主流なのかは諸説ある。その一つが米不足から、国が飲食店で提供できるごはんの量を定めた、というもの。器の大きさを決め、それに盛るご飯の量を決めてしまうことにより、米不足を解消したという背景がある。また、韓国人はごはんを食べるときに器を持たない。これはこの器が熱すぎて持てないから、というのが理由らしい。

韓国では特徴的な食器が使われています。それらは高価なものではないので、気軽に購入できることも魅力的。韓国料理を作ったら、現地のカトラリーを使い、現地でも使われている器に盛って楽しんでください。盛られた料理の表情も、全く違うものになります。

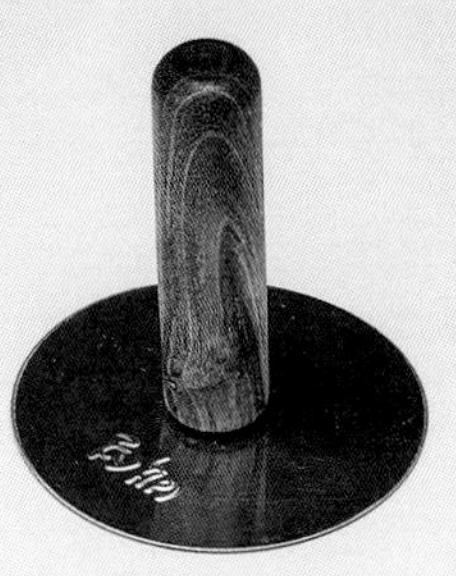

ヌルゲ(押し器)

これはホットクを作るためだけに開発された押し器。ホットプレートの上に生地をのせ、平たく丸く伸ばすときに重宝する道具だ。コップの底やお皿の底などでも代用できるようだが、やはりヌルゲを使った方が上手にホットクが焼ける。

ゴム手袋

韓国の家庭には、必ずといっていいほど、料理用のゴム手袋がある。それはキムチ作りに大きく関係している。粉唐辛子や、にんにく、生姜などの刺激の強い食材を多く使うので、手を守るためにゴム手袋を使用する。韓国のゴム手袋は日本のものと違い、袖口がギャザー加工されており、水が入りにくく、手から外れにくい。

ステンレス・アルマイト製品

韓国ではステンレスやアルマイトといった金属製の食器が多く使われている。陶磁器文化が発達していた韓国でそれらが広まった理由ははっきりとはわからないが、丈夫で安価、また食べ物のにおいがつきにくいというメリットもある。韓国は環境保護の意識が強いので、使い捨て容器は使用しないのが一般的で、写真のようなアルマイト製品も屋台などでよく使用されている。鍋には、チゲやラーメンを入れてそのまま食卓に出すことも。取手つきのコップは、マッコリカップとして親しまれている。

Chapter 2
ごちそうレシピ

ボリュームたっぷりなタッカンマリ、おなじみのサムギョプサル、チーズが映えるチーズドゥンガルビ。たくさん食べたいけど、一人じゃとても食べきれない。この章では、みんなで食べたくなるレシピを紹介します。

제 2 장

マッコリサムギョプサル

막걸리삼겹살

マッコリサムギョプサル

しっかり厚みのある豚肉を使った、日本でも大人気の韓国料理、サムギョプサル。
ここでは、豚肉をマッコリで茹でることで、肉の臭みをとってやわらかく仕上げています。

材料（4～6人分）

豚バラ肉（ブロック）		1.2kg
マッコリ		1ℓ
玉ねぎ（ざく切り）		1個
長ネギ（5cm長さに切る）		1本
A	醤油	130㎖
	みりん	大さじ5
	砂糖	大さじ2
	韓国水飴	大さじ2
	酒	大さじ3
	にんにく（すりおろし）	小さじ1
	こしょう	少々
サラダ油		適量

作り方

1 フライパンを中火で熱しサラダ油をひき、豚バラ肉を入れ表面がこんがりとなるまで焼く。

2 1のフライパンの油をキッチンペーパーで軽く拭きとり、玉ねぎ、長ネギ、マッコリを入れ、強火にして沸騰させる。

3 沸騰したら中火にし、ふたをして30分ほど煮たら、豚肉を取り出す。

4 別の深めのフライパンを中火で熱しA、3の豚肉を入れ、肉を返しながら豚肉がやわらかくなるまで煮詰める。

5 4の豚肉を食べやすい大きさに切り、器に盛る。

6 お好みでニラナムルをのせる。

プチュナムル
부추나물
ニラナムル

材料（2人分）

ニラ（一口大に切る）	1束
醤油	大さじ2
粉唐辛子	大さじ1/2
砂糖	大さじ1
酢	大さじ2
レモン汁	大さじ2
白ごま	大さじ1

作り方

ボウルに全ての材料を入れ、よく混ぜ合わせる。

タッカルビ

닭갈비

タッカルビ

韓国では、タッカルビの具材を食べ終わったあと、もう一度鉄板を火にかけて
ご飯とチーズを入れるてシメるのが人気。鉄板にご飯を押さえつけ、おコゲをつくるのが本場韓国流。

材料（4～6人分）

鶏もも肉（一口大に切る）		600g
キャベツ（ざく切り）		1/4個
さつまいも（5mm幅の輪切り）		1/2個
長ネギ（5cm長さに切る）		1本
えごまの葉		5枚
玉ねぎ（くし切り）		1個
A	粉唐辛子	大さじ3
	コチュジャン	大さじ2
	醤油	大さじ2
	砂糖	大さじ2
	オイスターソース	大さじ1
	にんにく（すりおろし）	大さじ1
	こしょう	大さじ1/2
	カレー粉	大さじ1/2
トッポッキ餅		100g
水		50mℓ
サラダ油		適量
白ごま		適量

作り方

1 ボウルに鶏肉、Aを入れ混ぜ合わせる。

2 フライパンを中火で熱しサラダ油と長ネギを入れて香りが出るまで炒める。

3 1、キャベツ、さつまいも、玉ねぎ、水を入れてふたをし、5分ほど煮る。

4 トッポッキ餅を入れ、全体に味が馴染むように混ぜながら炒める（水分が足りない場合には水（分量外）を加え焦げないようにする）。

5 水分がなくなって、鶏肉に完全に火が通ったら、えごまの葉を手でちぎって加え、白ごまをかけ素早く混ぜる。

クルポッサム

굴보쌈

ポッサムと牡蠣キムチ

一冬分のキムチを家族総出で漬ける年中行事、キムジャン。家庭によっては100個もの白菜を漬けることも。
ボリューム満点の茹で豚料理、ポッサムは、キムチを漬けて疲れた身体を労るキムジャンの日の料理です。

材料（4〜6人分）

	豚バラ肉・肩肉（ブロック）	1Kg
	米のとぎ汁（水でも可）	適量（具材がかぶるぐらい）
A	長ネギ（10cm長さに切る）	1本
A	玉ねぎ（1cm幅で縦に切り込みを入れる）	2個
A	りんご（半分に割り、芯をとる）	1/2個
A	生姜（薄切り）	1片
A	韓国味噌	大さじ1
A	ローリエ	3枚
A	にんにく	5片
A	インスタントコーヒー	小さじ1
A	ブラックペッパー（ホール）	小さじ1
	白菜（内側の柔らかい部分）	8〜12枚

作り方

1 鍋に豚肉、とぎ汁、Aを入れ中火にかけ、ふたをして1時間ほど茹でたら、豚肉のみ取り出す。

2 取り出した豚肉を蒸し器に入れ、中火で5分ほど蒸したら、再度取り出して粗熱をとる。

3 豚肉を厚さ1cmほどに切り、牡蠣キムチ、白菜と一緒に器に盛る。

クルキムチ
굴김치
牡蠣キムチ

材料（作りやすい分量）

	生牡蠣（よく洗う）	2パック（約200g）
	大根（千切り）	500g
	小ネギ（6cm長さに切る）	1/2束
	唐辛子粉	大さじ4
A	砂糖	大さじ1
A	酒	大さじ2
A	カナリエキス	大さじ2
A	にんにく（すりおろし）	大さじ1
A	生姜汁	大さじ1
A	白ごま	大さじ1
	塩	大さじ2

作り方

1 ボウルに大根、塩を入れよく揉み、10分ほど漬けたら、水分を絞る。
2 別のボウルに1、粉唐辛子を入れ、先に色をつけてから、牡蠣、A、小ネギ、白ごまを加えて和える。

タッカンマリ

닭 한마리

タッカンマリ

そのまま食べても、ヤンニョムジャンにつけても、二通りの味わいを楽しめるタッカンマリは、大人から子供まで大人気。韓国では、最初に肉を食べて、シメにうどんを入れて楽しみます。

材料（4～6人分）

丸鶏		1羽（約1kg）
玉ねぎ（1cm幅で縦に切り込みを入れる）		1個
長ネギ（5cm長さに切る）		2本
にんにく		3片
にんにく（すりおろし）		小さじ1
じゃがいも（2cm幅の輪切り）		2個
酒		1/3カップ
塩・こしょう		適量
トッポッキ餅		60g
A	粉唐辛子	大さじ2
	醤油	大さじ5
	砂糖	大さじ2
	酢	大さじ2
	鶏のスープ	大さじ4
	にんにく（すりおろし）	大さじ1/2
	からし（お好みで）	適量
B	キャベツ（千切り）	適量
	玉ねぎ（薄切り）	適量
	ニラ（ざく切り）	適量
生うどん		2玉
キムチ		50g

タッカンマリのシメ方法

鶏肉を食べ終えたら、スープにうどんを入れ、残りのタレ、キムチを加えて食べるのが定番です！または、スープの量を減らしてから雑炊や炒めご飯にしても美味しいですよ！

作り方

1 鶏肉は尻尾を切り落として腹を開き、残った内臓などをきれいに洗う。

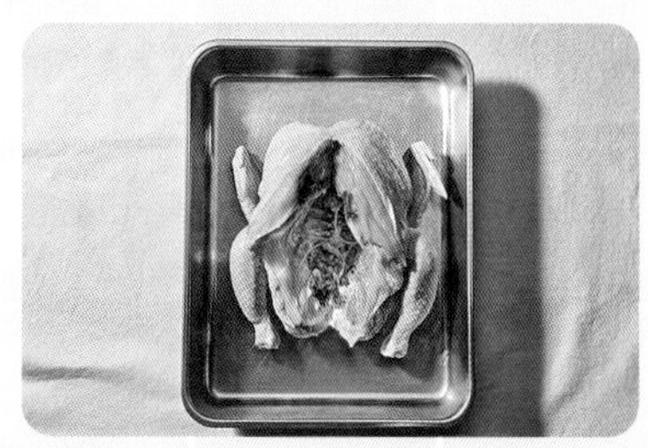

2 鍋に1、玉ねぎ、長ネギ（1本分）、にんにく（3片）、酒、具材が浸るほどの水を入れ中火にかけ、20分ほど煮る。
3 2からスープと鶏肉以外を取り除く。
4 3の鍋にじゃがいも、長ねぎ（1本分）、にんにく（すりおろし）を加え中火にかけ、30分ほど煮る。
5 鶏肉をハサミで切り分け、トッポッキ餅を加え、さらに10分ほど煮る。

6 塩・こしょうで味付けし火を止める。
7 ボウルにAを入れ混ぜ合わせる。
8 取り皿に好みの量のBを入れ、7をかけて軽く混ぜる。
9 鶏肉を8と一緒に食べる。

チズートゥンガルビ

치즈 등갈비

チーズとピリ辛スペアリブ

チキンの辛みとチーズのまろやかさがマッチした、子供に大人気の韓国のおもてなし料理。
お酒のつまみとしても楽しめるので、友人を招いた食事会にぴったりのメニューです。

材料（4～6人分）

豚スペアリブ		1.5Kg
A	生姜（薄切り）	1片
	ローリエ	3枚
	ブラックペッパー（ホール）	小さじ1
	インスタントコーヒー	大さじ1
玉ねぎ（すりおろす）		1個
りんご（すりおろす）		1個
長ネギ（小口切り）		1本
B	醤油	大さじ6
	粉唐辛子	大さじ5
	コチュジャン	大さじ3
	みりん	大さじ3
	酒	大さじ3
	砂糖	大さじ1
	にんにく（すりおろし）	大さじ2
	韓国水飴	大さじ2
	ごま油	大さじ1
	こしょう	少々
	水	400㎖
C	モッツァレラチーズ（フレッシュ）	200g
	マヨネーズ	大さじ2
	砂糖	大さじ2
スイートコーン		大さじ3
オリーブ（輪切り）		適量
ドライパセリ		適量

作り方

1 鍋に具材が浸るほどの水（分量外）、Aを合わせて中火にかけ沸騰したら、スペアリブを入れる。
2 10分ほど煮たら取り出し、流水で洗い水けをきる。
3 ボウルにB、玉ねぎ、りんごを入れて混ぜ合わせる。
4 鍋に2、3、長ネギを入れ強火で熱し、ふたをして沸騰したら、中火にして30分ほど煮る（水分が足りない場合には水（分量外）を加え、焦げないようにする）。

5 30分ほどたったら、ふたを開け水分がなくなるまで煮て火を止める。

6 5をバットに取り出し、トーチバーナーがあれば、少し炙る。トーチバーナーがない場合は、180℃に余熱したオーブンで10分ほど焼く。
7 鉄製のフライパンを中火で熱し、片側にCをのせ、チーズが溶けてきたら混ぜる。その上にコーンとオリーブを散らす。
8 もう片側に6を盛り、ドライパセリを散らす。

All you need is Kimchi. オモニの味　キムチ

韓国のキムチは、種類がたくさん！
まずは王道の白菜キムチから作ってみましょう。

ベチュキムチ

배추김치

白菜キムチ

冷蔵庫で約1ヶ月保存可能

材料（作りやすい分量）

	白菜（ざく切り）	1/2玉
	粗塩	100g
	水	1ℓ
	玉ねぎ（千切り）	1個
	ニンジン（千切り）	1/2個
	小ネギ（5mm幅に切る）	1/2束
A	粉唐辛子	100g
A	イワシエキス	80mℓ
A	にんにく（すりおろし）	50g
A	砂糖	60g
A	アミの塩辛	大さじ1
	白ごま	適量
B	小麦粉	大さじ2
B	水	200mℓ

前日の下準備

1 ボウルに粗塩、水を入れ塩水を作り、白菜を入れて混ぜ合わせたら1時間ほどおく（何度か上下をひっくり返す）。
2 白菜がやわらかくなったらザルにあげ、ラップをかぶせた上に、重石（ペットボトルなどでも可）をのせて、ひと晩（最低5時間）おき、水けをしっかり切る。

作り方

3 ボウルにBの水（100mℓ）、小麦粉を入れ、粉っぽさがなくなるまで混ぜ合わせる。
4 小鍋に残りの水（100mℓ）を入れ中火にかけ、沸騰したら3を入れて、泡立て器などでよく混ぜる。
5 ツノが立つ程度になったら、火を止めて冷ます。（キムチのり）
6 大きめのボウルにAを入れ混ぜ合わせる。
7 6に5のキムチのりを加え、混ぜ合わせる。
8 5に水切りした白菜、玉ねぎ、ニンジンを入れ混ぜ合わせる。
9 小ネギと白ごまを入れて混ぜ合わせる。
10 9を密閉容器に入れ1日ほど常温においたら、冷蔵庫で保存。お好みのタイミングで食べる。

1

2

3

トマトキムチ

토마토김치

トマトキムチ

冷蔵庫で約1週間保存可能

材料（作りやすい分量）

トマト		6個
玉ねぎ（千切り）		1/2個
ニラ（2cm長さに切る）		40g
パプリカ（黄色・1cm幅に切る）		1/2個
A	粉唐辛子	大さじ4
	砂糖	大さじ2
	カナリエキス	大さじ2
	にんにく（すりおろし）	大さじ1
	オリーブオイル	小さじ1
	塩	小さじ1
白ごま		適量

冷蔵庫で冷やしてから食べると
さらにおいしくいただけます。

作り方

1 トマトはヘタと芯をくり抜き、反対側の部分（底側）に十字に切り込みを深くまで入れる。
2 ボウルに玉ねぎ、パプリカ、ニラ、Aを入れ混ぜ合わせる。
3 2を1に詰めて白ごまをかける。

パキムチ

파김치

ネギキムチ

冷蔵庫で約1ヶ月保存可能

材料（作りやすい分量）

小ネギ		300g
A	玉ねぎ	1個
	サイダー	大さじ4
	冷えたご飯	大さじ2
B	粉唐辛子	大さじ9
	醤油	大さじ2
	かなりエキス	大さじ3
	おろしにんにく	大さじ2
	オリゴ糖	大さじ5
	うま味調味料	大さじ1/2
	梅エキス（あれば）	大さじ1
白ごま		適量

作り方

1 Aをミキサーに入れ攪拌する。
2 大きめのボウルに1、Bを入れ混ぜ合わせたら、小ネギを加え混ぜ合わせる。
3 2を密閉容器に入れ1日ほど常温においたら、冷蔵庫に入れて保存。お好みの長さに切って食べる。

キムチマンドゥ

김치만두
キムチ餃子

昔の韓国では、餃子の皮から各家庭でつくっていたので、一口サイズから大餃子まで家庭によって大きさが違いました。しっかり漬けて酸っぱくなったキムチを使うのがポイント。

	キムチ	300g
	豚ひき肉	200g
	豆腐（木綿）	200g
	もやし	200g
A	粉唐辛子	大さじ2
A	にんにく（すりおろし）	大さじ1
A	生姜（すりおろし）	小さじ1/2
A	うま味調味料	小さじ1/2
A	卵（黄身のみ）	1個分
A	ごま油	大さじ1
A	塩・こしょう	適量
	餃子の皮（大判）	約15枚

作り方

1. キムチは水けをしっかり絞って、粗みじん切りにする。豚ひき肉はキッチンペーパーで水分をしっかり拭きとる。
2. もやしは塩・少々（分量外）を入れた湯で、1分ほど茹でたら取り出し、みじん切りにする。
3. 豆腐はキッチンペーパーで二重に包み、耐熱容器に入れ、ラップをせずにレンジ（600W）で3分ほど加熱し水けをきる。
4. 2、3をそれぞれさらしなどに包み、重しをのせて水けをしっかりきる。
5. ボウルにAと1、4を入れよく混ぜ合わせる。
6. 餃子の皮の中央に5をのせ、縁全体に水をつけて、半分に折り、半円形にする。
7. 6の両端に再度水をつけて、両端を合わせるように手前でくっつける。
8. 蒸し器にクッキングシートなどを敷き、7を並べたら中火で15分ほど蒸す。

ワンパンチャプチェ

원팬잡채
かんたんチャプチェ

旧正月や誕生日など特別な日の料理として振る舞われていたチャプチェ。野菜ごとに炒めて、最後にあえるのが昔ながらのつくり方ですが、フライパンひとつでまとめて炒めてもおいしくつくれます。

材料（4～6人分）

	韓国春雨（乾燥）	500g
	キクラゲ（乾燥）	10g
A	玉ねぎ（くし切り）	2個
	ニンジン（1cm角に切る）	1個
	ほうれん草（ざく切り）	2束
	パプリカ（赤・黄・1cm幅に切る）	各1/2個
B	醤油	150㎖
	黒砂糖	大さじ4
	みりん	大さじ2
	サラダ油	大さじ2
	こしょう	少々
水		1ℓ
ごま油		大さじ2
白ごま		適量

作り方

1 春雨とキクラゲは水（分量外）で戻す。
2 鍋にB、水を入れ中火にかけ、沸騰したら1とAを加え、水分がなくなるまで煮つめる。
3 ごま油と白ごまを加え混ぜ合わせて、器に盛る。

カムジャタン
감자탕

カムジャタン

豚背肉でつくるのが一般的ですが、このレシピでは入手しやすいスペアリブでアレンジしました。
えごまの粉とえごまの葉をたっぷり使うのが、本場の味に近づける秘訣！

材料（4～6人分）

	材料	分量
	じゃがいも（皮をむく）	大4個
	豚スペアリブ	1kg
A	生姜（スライス）	1片
A	にんにく	3片
A	酒	大さじ3
A	ローリエ	3枚
A	ホールブラックペッパー	小さじ1
	白菜	1/4束
	長ネギ（5cm長さに切る）	1本
	えごまの粉	大さじ6
	えごまの葉	5枚
	塩	小さじ1
	水	2ℓ
B	韓国味噌	大さじ1
B	ゴチュジャン	大さじ1
B	粉唐辛子	大さじ4
B	にんにく（すりおろし）	大さじ2
B	生姜（すりおろし）	小さじ1
B	醤油	1/2カップ
B	ナンプラー	大さじ3

作り方

1 鍋に水（具材が浸かるほど・分量外）、Aを入れ中火にかけ、沸騰したらスペアリブを入れ、7分ほど茹でる。

2 1を取り出し、流水で洗う。

3 白菜は根元を切り落とし、縦に2～3等分に切る。

4 鍋に湯を沸かし3、塩を入れ、さっと茹でて水けを切る。

5 ボウルにBを入れ混ぜ合わせる。

6 鍋に2、4、5、じゃがいも、長ネギ、水、えごまの粉（大さじ4）を合わせて中火にかけ、ふたをしてアクを取りながら40分ほど煮る。

7 器に盛り、えごまの葉をちぎってのせ、えごまの粉（大さじ2）をかける。

Chapter 3
話題のレシピ

韓国映画やドラマを見ていると、ときおり出てくるおいしそうな料理や、現地でも最近話題になっている料理を集めました。春雨やインスタントラーメンを使ったレシピは、ぜひ韓国のもので作ってみて。

제 3 장

ジコバチキン

지코바치

甘辛チキンの炒め物

日本でも最近お店が増えてきましたが、韓国ではチキンのデリバリーが定着しています。なかでもジコバチキンは、甘辛い味つけがクセになる大人気メニュー！　タレごとご飯にかけて混ぜて食べるのが本場の楽しみ方です。

材料（2人分）

	材料	分量
	鶏もも肉（一口大に切る）	600g
	トッポッキ餅	200g
A	粉唐辛子	大さじ1
A	醤油	大さじ3
A	みりん	大さじ2
A	韓国水飴	大さじ6
A	オイスターソース	小さじ2
A	にんにく（すりおろし）	大さじ3
A	牛肉ダシダ	小さじ1/2
A	こしょう	小さじ1/2
	青唐辛子（輪切り）	3本
	長ネギ（2cm長さに切る）	10cm
	砂糖　大さじ3	大さじ3
	サラダ油　大さじ2	大さじ2

作り方

1 鶏肉はキッチンペーパーで水分をしっかり拭きとる。
2 ボウルにAを入れ混ぜ合わせる。
3 フライパンを中火で熱しサラダ油、砂糖を入れ、砂糖が溶けてきたら、1を加え焼き色がつくまで焼く。

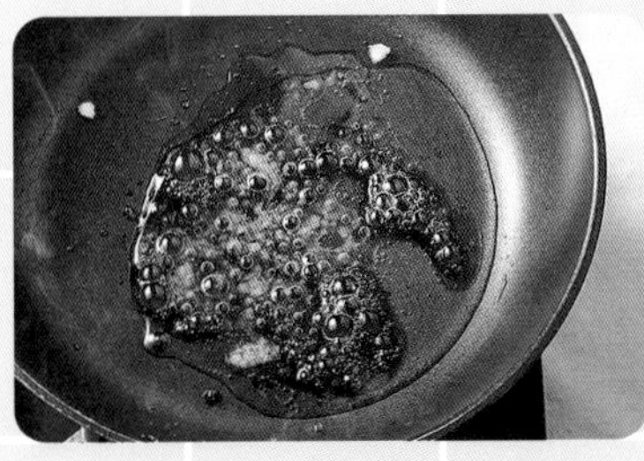

4 トッポッキ餅、2を加え、炒めながら煮詰める。このとき水分が足りず、焦げつくようなら水を適量足す。
5 長ネギ、青唐辛子を加え、水分がある程度なくなるまで炒める。

最後にトーチバーナーで少し炙ると、より本場の味になります。

タルギャルマンドゥ

달걀만두
卵餃子

韓国の家庭で人気の卵料理のひとつ。食卓にもう一品欲しいときに彩りを添えてくれる、栄養満点のお手軽レシピです。おかずとしてはもちろん、ご飯の代わりにすることもあります。

材料（2人分）

卵		4個
韓国春雨（乾燥）		60g
長ネギ（みじん切り）		1/2本
ニンジン（みじん切り）		1/3本
A	醤油	大さじ1
	ごま油	大さじ1
	砂糖	大さじ1/2
	片栗粉	大さじ2
	塩・こしょう	適量
サラダ油		適量

作り方

1 鍋に湯を沸かし春雨を入れ、袋の表示通りに茹でる。冷水にとって軽くもみ洗いし、ザルにあげて水けをきったら、みじん切りにする。
2 ボウルに卵、1、A、長ネギ、ニンジンを入れよく混ぜ合わせる。
3 フライパンを中火で熱しサラダ油をひき、2を6等分にしてそれぞれ楕円形に広げる。
4 3の周りに火が通ったら半分に折り、両面焼き色がつくまで焼く。

コルペンイ ビビンミョン
골뱅이비빔면
つぶ貝のビビン麺

韓国の食卓でお馴染みの巻貝、コルペンイの旨味がふわっと広がる、人気のインスタント麺アレンジメニュー。
ビビン麺付属のソースにひと手間加えるだけで、ぐっとおいしさが増す黄金レシピです。

材料（2人分）

インスタントビビン麺		2袋
コルペンイ缶（つぶ貝）		1缶
豆もやし		100g
きゅうり（千切り）		1/2個
A	粉唐辛子	大さじ1
	コチュジャン	小さじ1
	砂糖	大さじ1
	はちみつ	小さじ1
	酢	大さじ1
	にんにく（すりおろし）	小さじ1
	ごま油	大さじ1
白ごま		適量
ゆで卵（縦半分に切る）		1個

作り方

1 鍋に湯を沸かし、豆もやしを3〜5分ほど茹でてザルにあげ、水けをきる。
2 コルペンイ缶をあけ、汁を大さじ2とりおき、コルペンイは食べやすい大きさに切る。
3 鍋に湯を沸かしビビン麺を入れ、袋の表示通りに茹でる。冷水にとって軽くもみ洗いし、ザルにあげて水けをきる。
4 ボウルにビビン麺のソース、Aを入れ混ぜ合わせる。
5 4に1、2、3を加え混ぜ合わせたら器に盛り、きゅうり、ゆで卵をのせ、白ごまをかける。

クルホットク

꿀호떡

はちみつホットク

昔ながらの屋台おやつ。最近の韓国ではホットクの屋台が減ってしまいましたが、
今もなお、各家庭で作られているホットスナック。焼いたあとに密封して冷凍すれば、保存もできます。

材料（4個分）

A	強力粉	80g
	白玉粉	25g
	砂糖	小さじ2
	塩	ひとつまみ
ドライイースト		3g
ぬるま湯		100㎖
サラダ油		小さじ2
B	黒砂糖	大さじ1/2
	砂糖	大さじ3
	くるみ（細かく刻む）	大さじ1
	シナモンパウダー	適量
はちみつ		適量

作り方

1 ボウルにドライイーストとぬるま湯を入れ、ドライイーストを溶かす。

2 別のボウルにAを入れ、こねながら1を3回に分けて注ぐ。表面がなめらかになったら、サラダ油を加え、さらにこねる。

3 生地がひとつにまとまったら、しっかりとラップをかけて、15分ほどおいて発酵させる（少し大きくなる）。

4 別のボウルにBを入れ混ぜ合わせる。

5 3を4等分にし、手にサラダ油（分量外）を塗って、手のひらに生地を広げ、等分した4をのせて包む。

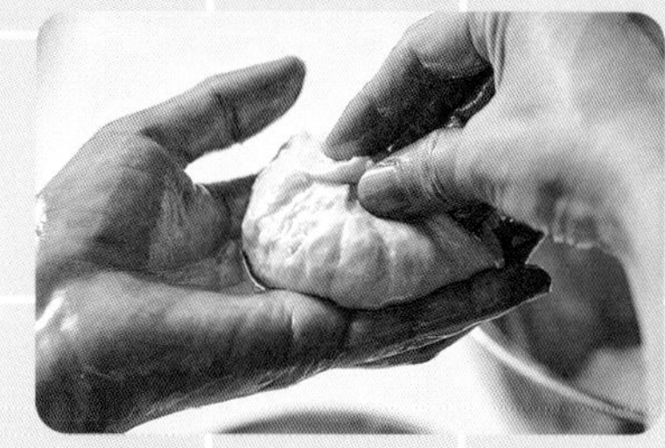

6 フライパンを中火で熱しサラダ油（適量・分量外）をひき、5を閉じた部分を下にして並べ焼く。

7 焼き目がついたらひっくり返して、茶碗やコップの底などを押し当て、平らにしながら反対側も焼き色がつくまで焼く。

8 器に盛り、はちみつをかける。

ポッタンケランチム

폭탄계란찜
爆弾ケランチム

ふわふわの卵が大人から子供まで大人気の茶わん蒸し。韓国では、焼肉屋さんでオーダーする定番メニューです。土鍋でつくると全体に熱が伝わりやすく、ふわふわに仕上がります。

材料（2人分）

卵（溶く）		6個
A	水	70ml
	牛乳	80ml
	牛肉ダシダ	小さじ1
	アミの塩辛（汁）	小さじ1
	小ネギ（小口切り）	大さじ1
	ニンジン（みじん切り）	大さじ1
	カニカマ（みじん切り）	大さじ1
ピザ用チーズ		適量
白ごま		適量
トゥッペギ（土鍋）		1個
ふた		1個

※トゥッペギに専用のふたはないので、ひとまわり大きい鍋やボウルを逆さにかぶせてふたとして利用します。

作り方

1 トゥッペギ（土鍋）を中火にかけ、Aを入れ混ぜ合わる。
2 沸騰したら溶き卵をトゥッペギの9分目まで入れて弱中火にする。このとき、卵が焦げないようにスプーンでトゥッペギの側面や下をすくうようにしてよく混ぜる。
3 卵に8割ほど火が通ったら、ピザ用チーズをのせて弱火にし、ふたをして2分ほど加熱する。
4 ふたを開けて白ごまを散らす。

スンドゥブラミョン

순두부라면
純豆腐ラーメン

かんたんに作れておいしい、韓国の家庭で人気のインスタント麺レシピ。
豆腐と豚バラ肉さえあればあっという間にできるので、忙しいときにもさっとお腹を満たしてくれます。

材料（2人分）

インスタントラーメン（熱（ヨル）ラミョン）	1袋
豆腐（絹・一口大に切る）	150g
豚バラ肉（薄切り・一口大に切る）	60g
水	300〜350㎖
塩・こしょう	少々
粉唐辛子	大さじ1
卵	1個
サラダ油	大さじ1
小ネギ（小口切り）	適量

作り方

1. 小鍋を中火で熱しサラダ油をひき、豚肉、塩・こしょうを入れ、豚肉に火が通るまで炒める。
2. 粉唐辛子を加えさっと炒める。
3. 水、付属のかやくと粉末スープ、豆腐を加え、沸騰したら麺を加える。
4. 小ネギ、卵を加え、麺をお好みのかたさになるまで煮る。

水の量は濃いめに仕上がる分量を表記しています。お好みで調整してください。

カンジャンチキン

간장 치킨
カンジャンチキン

韓国で親しまれている、醤油味のチキン。デリバリーサービスの人気メニューを再現しました！
本場のカリカリ感を出すコツは、チキン一個一個にキッチン用のハケでソースを塗ることです。

材料（2人分）

	材料	分量
	鶏手羽先（先端部分を切り落とす）	600g
A	水	300㎖
	砂糖	大さじ1
	塩	小さじ1
	醤油	小さじ1
	ブラックペッパー	少々
B	薄力粉	40g
	コーンスターチ	10g
	炭酸水	50㎖
	シナモンパウダー	小さじ1/3
C	醤油	大さじ2
	はちみつ	大さじ4
	にんにく（すりおろし）	大さじ1/2
	オイスターソース	大さじ1/2
	赤唐辛子（乾燥・1cm幅の輪切り）	2本
	水	100㎖
	ピーナッツ（細かく砕く）	適量
	揚げ油	適量

作り方

1. ボウルにAを入れ混ぜ合わせる。手羽先を入れて冷蔵庫で一晩おいて下味をつける（最短5時間以上漬ける）。
2. 鍋にCを合わせて中火にかけ、一煮立ちさせて冷ます。
3. 別のボウルにBを合わせ、汁けを切った1を入れて全体につける。
4. 175℃に熱した油に入れ、6～7分揚げたら、取り出して油をきる。
5. 5分ほど冷ましたら、カリッとさせるためもう一度3分ほど揚げる。
6. 器に5を盛り、2をハケなどで塗って、ピーナッツをかける。

ラッポッキ
라뽁이
ラッポッキ

トッポッキとラーメン、韓国おでんを組み合わせた、韓国で昔から愛されている屋台料理。
下校途中に屋台でラッポッキを食べてから家に帰るのが、韓国の学生の日常風景です。

材料（2人分）

インスタントラーメン（辛（シン）ラミョン）		1袋
トッポッキ餅		100g
韓国四角おでん		3枚
（さつま揚げでもOK・ざく切り）		50g
キャベツ（ざく切り）		適量
長ネギ（青い部分・輪切り）		大さじ1
A	コチュジャン	大さじ1
A	唐辛子粉	大さじ1
A	醤油	（大さじ2）
A	砂糖	大さじ2
A	はちみつ	大さじ1
A	粉末スープ（付属）	小さじ1
ゆで卵		2個
水		500㎖

作り方

1 ボウルにAを入れ混ぜ合わせる。
2 鍋に水、Aを入れ中火にかけ沸騰したら、トッポッキ餅、四角おでん、キャベツを加えて、キャベツがしんなりするまで煮る。
3 麺、長ネギを加え、麺をお好みのかたさになるまで煮る。
4 器に3を盛り、ゆで卵をのせる。

韓国インスタントラーメン食べ比べ

安城湯麺（アンソンタンミョン）〈農心〉

韓国では定番のひとつ。少し辛味があり日本の醤油ラーメンのような安心感も。

	1	2	3	4	5
辛味		●			
旨味			●		
濃度			●		
モチモチ度			●		

カムジャ麺（ミョン）〈農心〉

じゃがいも麺特有のモチモチ感。辛さはほぼなく、すっきりとした味わい。醤油ベースのスープに牛の旨味。

	1	2	3	4	5
辛味	●				
旨味				●	
濃度				●	
モチモチ度				●	

ジンラーメン・スパイシー〈オットギ〉

確かな辛さと安定感。鍋用のサリ麺を出しているメーカーだから、麺のクオリティが高く、おいしい。

	1	2	3	4	5
辛味				●	
旨味			●		
濃度			●		
モチモチ度			●		

ジンラーメン・マイルド〈オットギ〉

同じシリーズのスパイシーより、辛味や濃度がほどよい。鍋のシメや、キムチにも合うさっぱり感が◎。

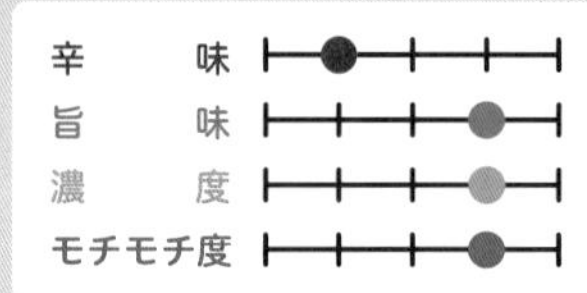

	1	2	3	4	5
辛味		●			
旨味				●	
濃度				●	
モチモチ度				●	

チャムケラーメン〈オットギ〉

ごまの香りが特徴。調理例にある通り、卵が合う。辛さが苦手ならば、普通のごま油やすりごまを入れてもよい。

	1	2	3	4	5
辛味			●		
旨味			●		
濃度				●	
モチモチ度			●		

四川（サチョン） 白（ペク）ちゃんぽん〈農心〉

貝だしのインパクトと、きのこのだしが強く、濃厚。辛さもほどよいが、キムチとの相性はあまりよくない。

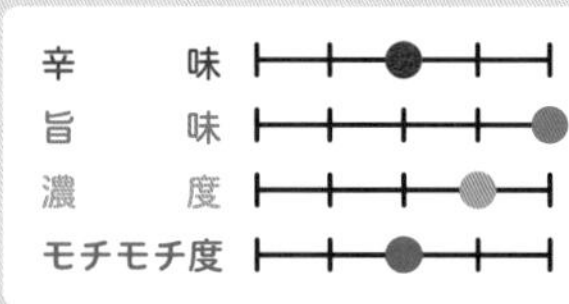

	1	2	3	4	5
辛味			●		
旨味					●
濃度				●	
モチモチ度			●		

辛（シン）ラーメン〈農心〉

ザ・韓国インスタント麺。その名の通り、辛さは強め。まずはこれから食べてみるのがおすすめ。

	1	2	3	4	5
辛味				●	
旨味				●	
濃度			●		
モチモチ度			●		

辛ラーメン BLACK〈農心〉

一見こちらの方が通常の辛ラーメンよりも辛そうだが、実際はマイルド。味のパンチも控えめで食べやすい。

	1	2	3	4	5
辛味		●			
旨味			●		
濃度			●		
モチモチ度		●			

種類豊富な韓国のインスタントラーメン。その中でも、人気のものや定番のものを中心に選んだ、これだけは食べて欲しいラインアップです。それぞれを辛味・旨味・味の濃さ・モチモチ度に分けて紹介しています。どれを食べればいいのか迷っている人は、ぜひ参考にしてみてください。

男子（ナムジャ）ラーメン〈パルド〉

深みのある味で、辛さもやさしい。男子が考える味、男子がかく汗、男子が作りたくなるラーメンがコンセプト。

	1	2	3	4	5
辛味		●			
旨味				●	
濃度				●	
モチモチ度		●			

プルダック湯麺（タンミョン）〈三養〉

ここで紹介しているものの中で一番辛い。スープの辛さと麺の甘さがマッチした類を見ないおいしさがある。

	1	2	3	4	5
辛味					●
旨味				●	
濃度					●
モチモチ度			●		

白麺（ペンミョン）（貝系味）〈プルムウォン〉

辛味はなく、貝だしも濃すぎず、マイルド。キムチとの相性はよくないが、すっきりと食べられるやさしい味。

	1	2	3	4	5
辛味					
旨味				●	
濃度			●		
モチモチ度			●		

紅麺（ホンミョン）（牛肉＆キノコ系味）〈プルムウォン〉

あっさりした味で、キムチと好相性。だし違いで味の展開があるが、まずは定番のこの味がおすすめ。

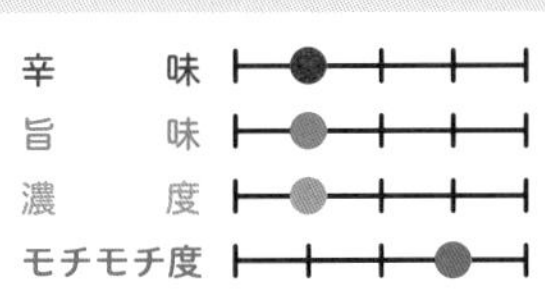

	1	2	3	4	5
辛味		●			
旨味		●			
濃度		●			
モチモチ度				●	

熱（ヨル）ラーメン〈オットギ〉

塩味と辛味は強いが、クセは少なく、麺を使ったアレンジ料理に使うと、さらにおいしく化けるラーメン。

	1	2	3	4	5
辛味				●	
旨味		●			
濃度			●		
モチモチ度			●		

The 美食（ミシ） 職人（ジャンイン）ラーメン（辛口）〈ハリム〉

さっぱりしているが、しいたけなどのだしが効いていて、キムチとも好相性。ピリリとしたほどよい辛さ。

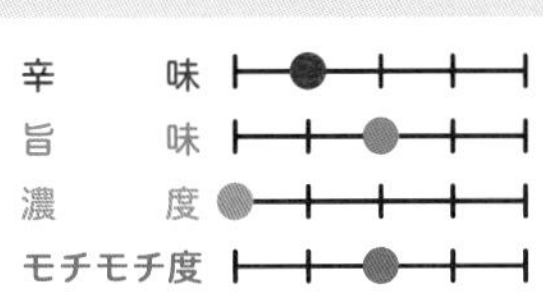

	1	2	3	4	5
辛味		●			
旨味			●		
濃度	●				
モチモチ度			●		

チーズラーメン・スパイシー〈オットギ〉

チェダーチーズの風味と唐辛子の辛味が混ざり合った味は、普通のチーズラーメンに飽きた人におすすめ。

	1	2	3	4	5
辛味				●	
旨味			●		
濃度				●	
モチモチ度			●		

燃える唐辛子（コチュ）ちゃんぽん〈三養〉

かわいい猫のパッケージに騙されるとヤケドする辛さ。よく見ると、青唐辛子に乗り、手には燃え盛る器が。

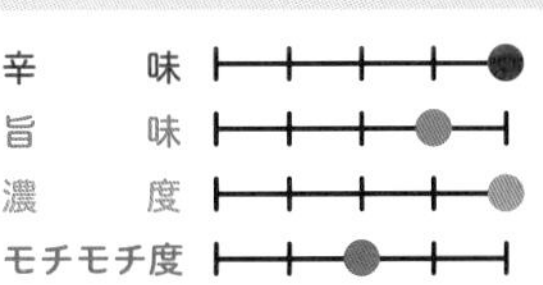

	1	2	3	4	5
辛味					●
旨味				●	
濃度					●
モチモチ度			●		

韓国インスタント食品図鑑

ノグリとチャパゲッティ

ノグリとは韓国でたぬきのこと。丸くて太い麺の様子からこの名前がついた。ラーメンよりもうどんに近い。チャパゲッティはジャージャー麺をインスタントにしたもの。日本でいうところのインスタント焼きそばを少し焦がしたような味。この2つを混ぜたものが映画『パラサイト』でも有名な“チャパグリ”となる。辛いものが苦手であれば、ノグリはマイルドを使うとよい。

わかめラーメン

韓国では誕生日の朝にわかめスープを食べる習慣がある。これは産後の母親が体力回復のために毎日食べたことに由来していて、母親に感謝する意味が込められている。そんな伝統の味をインスタントで。

ビビン麺

冷たい汁なし麺といえば、パルドのビビン麺。韓国では夏の定番料理として親しまれている。BTSのメンバーが好んで食べていたことでも有名。

チャンポン

海鮮や野菜などさまざまな具材が入っていて、コクのある味という意味では日本と共通するが、韓国のものはスープが真っ赤で辛い。左は農心のイカチャンポン、右はオットギのジンチャンポン。

野菜出汁ラーメン

最近ではヴィーガンフードにも感度が高い韓国。このラーメンは韓国ヴィーガン院が初めて認証したヴィーガンラーメン。12種類の野菜を焙煎したスープが特徴。

行者ニンニク醤油漬け

サムギョプサルなどの肉を包んだり、ご飯のお供にもぴったりの、行者ニンニクの醤油漬け(チャンアチ)。手軽に楽しむならこの缶詰を。

3分カレー

韓国で初めてレトルトカレーを発売したオットギ社のもの。韓国のカレーは日本のものに比べ味が少し薄め。福神漬けではなく、キムチを乗せて食べるのが通。

韓国はラーメンの他にもインスタント食品がたくさんあります。P.86～87で紹介しきれなかったラーメンのほか、人気の缶詰などを紹介します。どれも日本にある韓国食品スーパーやインターネットで手に入るので、気になるものがあれば、ぜひ探してみてください。

チーズラーメン

韓国のチーズラーメンは比較的辛めなものが多いが、リアルチーズラーメンは、チーズのまろやかさが勝り、食べやすい辛さとなっている。

カレーラーメン

左はオットギのカレーラーメン、右は農心のカレー味のノグリで、カグリと読む。どちらも太麺でモチモチとした食べ応え。卵にキムチ、青ネギを散らして食べるのがおすすめ。

キムチラーメン

キムチ入りの韓国らしいインスタントラーメン。左は韓国のコンビニ「GS25」の限定商品で「オモリキムチチゲラーメン」。辛めなので、卵を入れて食べてもよい。

三養ラーメン

モチモチの麺と牛だしの深いコクが楽しめる、元祖インスタントラーメン。ドラマ『イカゲーム』で、麺を茹でずに砕き、粉末スープをかけてそのまま食べていたことで、話題となった。

白いラーメン

白いスープの韓国ラーメン。左は牛肉、牛骨を塩で煮込んだスープのコムタンラーメン。右は白いスープで一世風靡した、鶏だしのココ麺。

あわび粥

イチから作ると高いし時間もかかるので、手軽に食べたければこれがおすすめ。電子レンジで温めるだけでできあがり。100％韓国産の餅米と具材だから、現地の味を楽しめる。

炒めキムチ

ポックンキムチと呼ばれ、ご飯やラーメンと相性抜群。韓国キムチは酸っぱさが特徴だが、炒めてある分マイルドな味わいに。食べやすい大きさにカットされているのもポイント。

唐辛子ツナ

じゃがいもやにんじん、玉ねぎなどが一緒に入っているピリ辛ツナ缶。そのままおつまみとしても食べられるし、キンパの具材やパスタと和えても◎。

제 4 장

Chapter 4
絶品韓国おかず

毎日の食卓に並ぶパンチャン（おかず）の中から、選りすぐりを紹介します。味の濃いものが多いので、ご飯のおかずはもちろん、すっきりとしたソジュ（韓国焼酎）のおつまみとしてもおすすめ。

カンジャンセウ

간장새우

カンジャンセウ

韓国の醤油「カンジャン」にえびを漬け込んだ料理。えびの代わりにかにを使えばカンジャンケジャンが作れます。漬け込みに時間はかかりますが、韓国では普段の家庭料理として愛されています。

材料（作りやすい分量）

	有頭えび（生食用・冷凍）	1kg
	酒	100㎖
A	醤油	400㎖
	酒	100㎖
	みりん	100㎖
	砂糖	大さじ5
	りんご（種と芯を取り除く）	1/2個
	赤唐辛子（乾燥）	3本
	にんにく	3片
	生姜	1片
	長ネギ（10cm長さに切る）	1本
	玉ねぎ（1cm幅で縦に切り込みを入れる）	1個
	昆布	3g
	ブラックペッパー（ホール）	小さじ1
	水	500㎖
B	にんにく（薄切り）	5片
	レモン（薄切り）	1/2個
	青・赤唐辛子（5mm幅の輪切り）	各1本

作り方

1 ボウルに水（1ℓ・分量外）、塩（大さじ2・分量外）を入れ混ぜ合わせ、えびを浸して解凍する。

2 バットに水けをきった1を入れ、酒をかけて10分ほどおいたら、キッチンペーパーで水分をしっかり拭きとる。

3 鍋にAを入れ中火にかけ、ひと煮立ちさせたら火を止めて、昆布を取り出してから、冷ましておく。

4 深めの容器に2を入れ、3の漬け醤油をザルを使って注ぎ、Bを加えてふたをする。

5 冷蔵庫で2日間熟成させる。容器から漬け醤油のみを鍋にあけ、一煮立ちさせて冷ます。

6 5の漬け醤油を容器に戻し、冷蔵庫でさらに3日間熟成させる。

キムチョリム

김조림

のり佃煮

あつあつのご飯に乗せて食べたい、のりの佃煮。輪切りにした赤唐辛子をたっぷり入れるのが、韓国風の味わいに仕上げるポイント。韓国ではお茶漬けにして食べるのも人気です。

材料（作りやすい分量）

焼きのり（全形）		20枚
小ネギ（小口切り）		30g
赤唐辛子（5mm幅の輪切り）		2本
A	醤油	100㎖
	みりん	50㎖
	砂糖	大さじ2
	にんにく（すりおろし）	大さじ1/2
	水	200㎖
えごま油		大さじ2
白ごま		大さじ2

作り方

1. フライパンを中火で熱し、のりを1枚ずつのせ、表面を軽く焼いたらポリ袋に入れて、小さくちぎる。
2. フライパンを中火で熱しえごま油をひき、小ネギ、赤唐辛子を入れて炒める。
3. 小ネギがしんなりとしてきたら、Aを加え沸騰させる。
4. 1を加え水分がなくなるまで炒める。
5. 器に4を盛り、白ごまをかける。

ドゥブキムチ

두부김치
豆腐キムチ

豚肉とキムチを炒め、豆腐と一緒に盛りつけるだけでパッと作れる豆腐キムチは、おかずにも、おつまみにもなる優秀レシピ。キムチが味の決め手なので、自家製キムチ(P.68)を使ってみるのも◎。

材料(2人前)

	豆腐(木綿)	300g
	キムチ(一口大に切る)	400g
	豚肉(小間切れ・バラ薄切など)	400g
	塩・こしょう	適量
A	粉唐辛子	大さじ2
A	コチュジャン	大さじ2
A	みりん	大さじ2
A	韓国水飴	大さじ4
A	にんにく(すりおろし)	大さじ1
A	砂糖	大さじ1
	玉ねぎ(くし切り)	1/2個
	長ネギ(斜め切り)	1本
	ごま油	適量
	黒ごま	適量

作り方

1 豚肉に塩・こしょうをふる。
2 豆腐はキッチンペーパーで二重に包み、耐熱容器に入れ、ラップをせずにレンジ(600W)で3分ほど加熱し、水けをきる。一口大に切る。
3 フライパンを中火で熱しごま油をひき、1、玉ねぎを入れて豚肉に火が通るまで炒める。
4 キムチを加えて炒める。
5 Aを加え全体に味が馴染むように混ぜ合わせたら、長ネギ、ごま油を加えて、さらに炒める。
6 器に豆腐と5を盛り、豆腐に黒ごまをのせる。

ソゴギジャンジョリム

소고기장조림

牛肉の醤油煮

あつあつでも、冷めてからもおいしく食べられるソゴギジャンジョリムは、韓国ではお弁当の定番おかずとして親しまれています。家庭によっては、うずらの卵ではなく鶏卵で作ることもあります。

材料（4人分）

	牛もも肉（ブロック）	600g
	ししとう	100g
	うずらの卵（水煮）	250g
A	醤油	200㎖
A	砂糖	大さじ4
A	韓国水飴	大さじ4
A	こしょう	少々
A	にんにく（すりおろし）	大さじ2
A	生姜の絞り汁	小さじ1
A	酒	30㎖
B	大根（2cm幅半月切り）	200g
B	玉ねぎ（1cm幅で縦に切り込みを入れる）	1個
B	長ネギ（10cm長さに切る）	1本
B	水	2ℓ
	ごま油	大さじ2
	白ごま	適量

作り方

1 牛肉はキッチンペーパーで水分をしっかり拭きとる。

2 ししとうはヘタの部分を取り除き、爪楊枝で2ヶ所ほど穴をあける。

3 鍋に3等分に切った1、Bを入れ、中火で熱し、30分ほど加熱したら一度火を止める。

4 具材を全て取り出し、牛肉のみ粗熱を取り、手で一口大にちぎってから鍋に戻す。

5 鍋にAを加え中火で熱し、20分ほど加熱したら、うずらの卵、2を加え強火にし、さらに10分ほど加熱する。

6 白ごまをふり、ごま油を全体に回しかけて、さらに30秒ほど加熱したら器に盛る。

ソヤ

쏘야

ソーセージ野菜炒め

韓国でも定番の食材ソーセージを、野菜と一緒に炒めました。ソーセージの「ソ」と、韓国語で野菜を意味する「ヤチェ」の「ヤ」を組み合わせた名前の、おつまみメニューです。

	材料	分量
	ソーセージ（ウインナー）	200g
A	ケチャップ	大さじ3
A	砂糖	小さじ1
A	韓国水飴	大さじ1
A	コチュジャン	小さじ1
A	オイスターソース	大さじ1
	にんにく（薄切り）	3片
	玉ねぎ（3cm幅に切る）	1個
	パフリカ（赤・黄・3cm幅に切る）	各1/3個
	ブロッコリー	50g
	白ごま	適量
	サラダ油	適量

作り方

1. ソーセージに格子状に切り込みを入れる。
2. 鍋に湯を沸かしブロッコリーを入れ30秒ほど茹でる。
3. プライパンを中火で熱しサラダ油をひき、にんにく、玉ねぎを入れて炒める。
4. 玉ねぎが透明になったら1を加え、パリッとするまで炒める。
5. 2、パプリカを加え、1分ほど炒める。
6. ボウルにAを入れ、混ぜ合わせて5に加え、味が馴染むまで炒める。
7. 器に6を盛り、白ごまをふる。

オジンオチョムッチム

오징어초무침
イカの辛酢和え

酢を使って仕上げるのがポイント！　さっぱりとした味わいが特徴のイカの辛酢和えは、韓国の家庭で夕食のメニューとして親しまれています。冷めてからもおいしいのも嬉しい。

材料（2人分）

	スルメイカ（内臓下処理済）	2杯（約500g）
	大根	300g
	きゅうり	2本
	塩	小さじ1
	オリゴ糖	大さじ6
	ニンジン（千切り）	1/3個
	せり（5cm長さに切る）	30g
A	粉唐辛子	大さじ3
A	コチュジャン	大さじ1
A	酢	大さじ3
A	みりん	大さじ1
A	砂糖	大さじ3
A	にんにく（すりおろし）	大さじ1
A	イワシエキス	大さじ1
B	みりん	大さじ1
B	水	100mℓ
	白ごま	適量

作り方

1. 大根は5cm長さで1cm幅の拍子切り、きゅうりは縦半分に切ったら5mm幅の斜め切りにする。
2. ボウルに1、塩、オリゴ糖を入れて混ぜ合わせ、30分ほどおく。大根が柔らかくなり水けが出たらしっかりと絞る。
3. 別のボウルにAを入れ混ぜ合わせる。
4. フライパンを中火で熱し、イカとBを入れ、ふたをして2分ほど蒸す。
5. イカを取り出して粗熱をとったら、胴は2cm幅に切り、ゲソは一本ずつに切り分ける。
6. 3に2、5、ニンジン、せりを加えて混ぜ合わせる。
7. 器に6を盛り、白ごまをふる。

デジブルコギ

돼지불고기

豚肉プルコギ

韓国風に仕上げるコツは、豚肉をこんがり焼き上げること。水分を飛ばすように、カリッするまで炒めましょう。サニーレタスやサンチュに包んで食べるのが本場の楽しみ方。

材料（2人分）

	豚小間切れ肉	600g
	玉ねぎ	1/2個
	ニラ（4cm幅に切る）	30g
A	醤油	大さじ3
A	砂糖	大さじ2
A	みりん	大さじ2
A	韓国水飴	大さじ2
A	にんにく（すりおろし）	大さじ1
A	生姜（すりおろし）	大さじ1
A	ごま油　大さじ1	大さじ1
	白ごま	適量
	糸唐辛子	適量
	サラダ油	適量

作り方

1 豚肉はキッチンペーパーで水分をしっかり拭きとってから、一口大に切る。

2 玉ねぎは薄切りにして、水に10分ほどさらし、水けをきる。

3 ボウルにA、1を入れ混ぜ合わせ、10分ほど漬ける。

4 フライパンを中火で熱しサラダ油をひき、3を入れ水分がなくなるまで焼く。

5 器に2、ニラをしき、4をのせたら白ごま、糸唐辛子をかける。

제 5 장

Chapter 5
韓国屋台メシ

韓国は屋台天国！　学校帰りや仕事帰り（もしくは途中でも？）に小腹が減ったら食べられる軽食がたくさんあります。そんな韓国屋台の味を再現しました。韓国の街並みを想像しながら作ってみて。

キルコリトースト

길거리토스트

路上トースト

韓国では、出勤途中に駅前の屋台でサンドイッチを買って、就業前にデスクで食べるのがオフィスでお馴染みの光景。たっぷり入れた砂糖とケチャップのハーモニーは昔ながらのレシピです。

材料（2人分）

食パン（6枚切り）		4枚
A	溶き卵	5個分
	キャベツ（千切り）	150g
	ニンジン（千切り）	20g
	スライスハム（千切り）	5枚
	塩・こしょう	適量
スライスチーズ		2枚
ケチャップ		大さじ2
砂糖		大さじ2
バター		20g

作り方

1 Aをボウルに入れ混ぜ合わせる。

2 フライパンを中火で熱しバター（5g）を入れ溶かしたら、1の半量を入れ両面しっかり焼き、とりおく。このとき食パンのサイズに形を整える。残りの半量も同様に焼く。

3 再度フライパンを中火で熱しバター（5g）を入れ溶かしたら、食パン2枚を入れ両面こんがり焼く。残り2枚も同様に焼く。

4 3の片面にスライスチーズ、2をのせ、全体にケチャップを塗ったら、砂糖もまんべんなくかけて、食パンをのせる。

キムマリ

김말이
のり巻き揚げ

韓国の屋台で流行しているキムマリは、中はモチモチ、外はパリパリのやみつきメニュー。
タレにつけるのはもちろん、トッポッキなど他の屋台メニューと合わせて食べるのも人気です。

材料（2人分）

	材料	分量
	焼きのり（全形・4等分に切る）	3枚
	韓国春雨	100g
A	ニンジン（みじん切り）	大さじ2
A	小ネギ（小口切り）	大さじ2
A	醤油	大さじ2
A	砂糖	小さじ1
A	ごま油	小さじ1
A	こしょう	少々
	天ぷら粉	80g
	水	100㎖
	揚げ油	適量
B	醤油	大さじ1
B	酢	大さじ1
B	粉唐辛子	大さじ1/2
B	小ネギ	大さじ1
B	白ごま	小さじ1

作り方

1. ボウルに天ぷら粉、水を入れ混ぜ合わせる。
2. 鍋に湯を沸かし春雨を入れ、袋の表示通り茹でる。ザルにあげて、水けを切る。
3. 2が熱いうちにボウルに入れ、Aを加え混ぜ合わせる。
4. のりの中央に3を適量のせて巻き、1にくぐらせたら、170度の揚げ油で時々上下を返しながら揚げる。
5. ボウルにBを入れ混ぜ合わせる。
6. 器に4を盛り、お好みで5をつけて食べる。

ナプチャクマンドゥ
납작만두
ぺたんこ餃子

韓国で流行している大邱(テグ)のソウルフード、平ら餃子。本場の大邱では軽く焼き目をつけて仕上げますが、パリパリになるまで焼いてもOK！　焼かずに蒸しても楽しめるので、お好みの食べ方を見つけてみて。

材料（2人分）

餃子の皮		8枚
春雨		30g
ニラ（みじん切り）		20g
塩・こしょう		少々
ごま油		小さじ1
サラダ油		適量
A	粉唐辛子	小さじ1/2
	ごま油	小さじ1
	ポン酢	小さじ1
	小ネギ（小口切り）	適量

作り方

1 春雨は水で戻し、みじん切りにする。
2 フライパンを中火で熱し、ごま油（分量外）をひき、1を入れ軽く炒めたら、火を止める。
3 春雨が熱いうちに、ニラ、塩・こしょう、ごま油を入れて混ぜる。
4 餃子の皮の中央に3を小さじ1ほどのせ、片方に少し水をつけて半分に折りたたみ、ぎゅっと手のひらで押さえて空気をしっかりと抜いて包む。
5 蒸し器にクッキングシートなどを敷き、4を並べたら、ふたをして皮が半透明になるまで蒸す。
6 フライパンを中火で熱しサラダ油をひき、5をのせて両面に焼き目がつくまで焼く。
7 器に6を盛り、Aをそれぞれお好みの量でかける。

ホンハプタン

홍합

ムール貝鍋

ソジュと相性抜群のホンハプタンは、韓国の居酒屋で欠かせない人気メニューです。
ボイルしたムール貝を使う場合は、袋に入っている汁を入れるとうま味がぐんとアップします。

材料（2人分）

ムール貝		1Kg
酒		大さじ2
A	にんにく（すりおろし）	小さじ1
	みりん	大さじ2
	青・赤唐辛子（輪切り）	各1本
	うま味調味料	小さじ1/2
小ネギ（小口切り）		適量

作り方

1 鍋にムール貝、酒、具材がかぶるくらいの水を入れ中火にかけ、沸騰させる。

2 煮ながらアクを取り、ムール貝の殻が開いたら、Aを加えて一煮立ちさせる。

3 器に2を盛り、小ネギをかける。

タルギャルトッポッキ

달걀떡볶이
たまごトッポッキ

韓国料理の代名詞ともいえるトッポッキ。日本で主に知られているのは甘辛い味つけですが、最近の韓国では卵を使った優しい味わいのトッポッキが流行中！　辛いものが苦手な人も楽しめます。

材料（2人分）

トッポッキ餅	400g
溶き卵	3個分
オリーブオイル	大さじ4
バター	20g
塩	適量
ブラックペッパー	適量
玉ねぎ（薄切り）	1/2個
ウィンナー（斜め切り）	6本
パセリ（みじん切り）	適量

作り方

1. 鍋に湯を沸かしトッポッキ餅を入れ、30秒ほど茹でる。
2. 1をボウルにあげ、オリーブオイル（大さじ1）を加え混ぜ合わせる。
3. フライパンを中火で熱しオリーブオイル（大さじ3）、バターを入れ、玉ねぎ、塩、ブラックペッパーを加えて炒める。
4. 玉ねぎの色が変わってきたら、2、ウィンナーを加え、トッポッキ餅が柔らかくなるまで炒める。
5. 弱火にして溶き卵を加え、フライパンのフチの卵が固まってきたら、素早く混ぜる。
6. 器に5を盛り、ブラックペッパー、パセリをふる。

ヒュゲソカムジャ 휴게소감자 休憩所のカムジャ

韓国のパーキングエリアで人気のメニュー、カムジャ。甘く味つけたじゃがいもが、運転の疲れを癒してくれます。かんたんにつくることができるので、おやつとして家庭で作ることもできます。

材料（作りやすい分量）

じゃがいも（小）	600g
バター	30g
塩	小さじ1
砂糖	大さじ2
パセリ	適量

作り方

1. 鍋にじゃがいも、塩（小さじ1・分量外）、具材がかぶるくらいの水を入れ中火にかけ、竹串がスッと通るまで茹でたら、皮を剥く。
2. フライパンを中火で熱しバター、1を入れ、焼き色がつくまで焼く。
3. 塩を加え混ぜたら火を止め、砂糖（大さじ1）を加えてよく混ぜる。
4. 器に3を盛り、砂糖（大さじ1）、パセリをふる。

テンチョキンパッ

땡초김밥

青唐辛子キンパ

日本でもお馴染みのキンパですが、テンチョキンパッは激辛好きのための変わり種メニュー。
韓国ではこの本のレシピの2倍の量の唐辛子を使います。本場の味を楽しみたい方は挑戦してみて！

材料（2人分）

	焼きのり（全形）	2枚
	青唐辛子（みじん切り）	6本
	スパム（粗みじん切り）	50g
	ニンジン（粗みじん切り）	1/3本
A	ご飯	2人前（約400〜450g）
A	白ごま	小さじ1
A	黒ごま	小さじ1
B	醤油	大さじ2
B	砂糖	大さじ1
B	みりん	大さじ1
B	オイスターソース	大さじ1
	ごま油	大さじ1
	マヨネーズ	適量

作り方

1 フライパンを中火で熱しごま油をひき、青唐辛子、スパム、ニンジン、Bを入れ、スパムがこんがりするまで炒める。

2 1にAを加え、全体に味が馴染むように炒める。
3 のりに2を半量ずつのせて広げ、手前から巻いていく。

4 3の表面にごま油適量（分量外）を塗り、食べやすい大きさに切って、器に盛る。
5 お好みでマヨネーズにつけて食べる。

ビビンダンミョン

비빔당면

釜山のビビン春雨

春雨の上に具材を並べた、彩り鮮やかなビビン春雨。さっと食べられる、小腹がすいたときにぴったりの屋台グルメ。韓国では、春雨ではなく小麦粉が原料のミルミョンを使ったメニューも人気です。

材料（2人分）

韓国春雨		200g
ニラ		1/2束
ニンジン（千切り）		50g
たくあん（千切り）		40g
韓国四角おでん（1cm幅に切る・さつま揚げでも可）		2枚
A	唐辛子粉	大さじ3
A	醤油	大さじ5
A	砂糖	大さじ2
A	みりん	大さじ2
A	酢	大さじ1/2
A	にんにく（すりおろし）	大さじ1
A	塩・こしょう	適量
韓国のり（刻み）		適量
ごま油		大さじ1
サラダ油		適量

作り方

1 ボウルにAを入れ混ぜ合わせる。

2 フライパンを中火で熱しサラダ油をひき、ニンジン、四角おでんをそれぞれ別に炒める。

3 鍋に湯を沸かしニラを茹で、水けをきって食べやすい長さに切る。

4 鍋に湯を沸かし春雨を入れ、袋の表示通りに茹でる。冷水にとって軽くもみ洗いし、ザルにあげて水けをきる。

5 ボウルに4、ごま油を入れ、よく混ぜ合わせる。

6 器に5を盛り、2、3、たくあん、のりを彩よくのせ、1をかける。

エグドゥラッ センドイッチ

에그드랍 샌드위치

エッグドロップサンドイッチ

韓国・ソウルで大人気のサンドイッチ店、「EGG DROP」のサンドイッチを家庭で作れるようにアレンジしました。
見た目がかわいいミニサイズの食パンを使うのがポイント！

材料（2人分）

	食パン（ミニサイズの厚切り）	4枚
A	溶き卵	4個分
A	牛乳	50㎖
A	砂糖	大さじ1
A	鶏がらスープの素	小さじ1/2
B	マヨネーズ	大さじ2
B	練乳	大さじ2
C	シラチャーソース（タイのチリソース）	大さじ3
C	練乳	大さじ6
	ベーコン（厚切り・半分に切る）	1枚
	アボカド	1個
D	プレーンヨーグルト	小さじ2
D	レモン汁	小さじ1
	スライスチェダーチーズ	2枚
	パセリ	適量
	バター	適量
	ワックスペーパー	適量

作り方

1. アボカドは半分に切り、種を取り除いて皮をむく。半量はボウルに入れ、フォークでつぶし、Dと混ぜ合わせてペーストを作る。半量はスライスする。
2. 3つのボウルにA、B、Cをそれぞれ入れ、よく混ぜ合わせる。
3. フライパンを中火で熱しバターを入れ溶かし、Aを入れて菜箸などでかき混ぜ、スクランブルエッグを作る。できたスクランブルエッグはとりおく。
4. フライパンにベーコンを入れ、こんがりするまで焼いたらとりおく。
5. フライパンにバターを入れ溶かし、食パンの両面をこんがり焼く。

〈ガーリックベーコン〉

6. 1枚の焼いた食パンの片面にBを塗り、もう1枚の片面にはCを塗る。
7. チーズと4を6のパンではさんで、3の半量をのせたらCをかけ、パセリをふる。
8. 2/3の高さまでワックスペーパーで包む。

〈アボホリック〉

6. 2枚の焼いた食パンの片面にCを塗り、チーズをのせる。
7. 2のアボカドペーストと3の半量をのせたらパンではさみ、上に2のアボカドスライスをのせる。
8. Bをかけパセリを振る。
9. 2/3の高さまでワックスペーパーで包む。

1

5

ポジャンマチャオデン

포장마차오뎅

屋台おでん

韓国の屋台料理といえば、おでん。屋台で頼むと串に刺さった練りもののおでんのみが出てきますが、だしをとるために一緒に煮込んだ大根も、味が染みていておいしいので食べてみて！

材料（2～4人分）

	韓国四角おでん（さつま揚げでも可）	5枚
	棒おでん	5個
	串	10本
	水	1.5ℓ
A	大根（4cm幅の半月切り）	200g
A	昆布	10g
A	玉ねぎ（1cm幅で縦に切り込みを入れる）	1個
A	長ネギ（10cm幅に切る）	1本
A	クッカンジャン（薄口醤油でも可）	大さじ1/2
A	顆粒だし	小さじ1
A	牛肉ダシダ	大さじ1/2
A	にんにく（すりおろし）	大さじ1/2
A	うま味調味料	小さじ1
A	塩・こしょう	適量
	粉唐辛子	小さじ1/2
	青・赤唐辛子（輪切り）	各1本
B	醤油	大さじ1
B	みりん	大さじ1
B	酢	大さじ1
B	白ごま	小さじ1
B	青唐辛子（輪切り）	小さじ1

作り方

1 四角おでんは縦3等分に折って波状にして竹串に刺し、棒おでんはそのまま竹串に刺す。

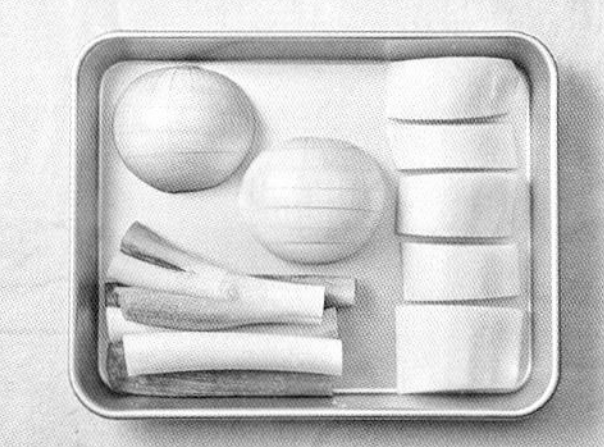

2 鍋に水、Aを入れ中火で熱し、20分ほど煮たら、玉ねぎ、昆布は取り除く。
3 1、青・赤唐辛子を加え、さらに8～10分ほど煮る。
4 ボウルにBを入れ混ぜ合わせる。
5 器におでんとスープを盛り、お好みで粉唐辛子をかけ、4をつけて食べる。

コンブル

콩불

豆もやしと豚肉の炒め

たっぷり使った豆もやしと豚肉が旨味を引き立て合う、韓国の定番料理。
コチュジャンと唐辛子が味の決め手です。サニーレタスやサンチュに包んで食べるのが本場流。

材料(2人分)

豚バラ肉		400g
豆もやし		400g
玉ねぎ(くし切り)		1/2個
長ネギ(斜め切り)		1本
A	粉唐辛子	大さじ4
	コチュジャン	大さじ3
	醤油	大さじ2
	砂糖	大さじ3
	酒	大さじ2
	にんにく(すりおろし)	大さじ1
白ごま		適量
サニーレタス(あればで可)		適量
サンチュ(あればで可)		適量

作り方

1 ボウルに豚肉、Aを入れ、よく混ぜ合わせる。

2 フライパンを中火で熱し、玉ねぎ→豆もやし→1の順番に重ね入れ、加熱する。

3 豆もやしがしんなりしてきたら全体を混ぜ、豚肉に火が通るまで炒める。
4 長ネギを加えてさっと炒め、器に盛って白ごまを振る。
5 お好みで、サニーレタスやサンチュに包んで食べる。

All you need is Jangajji. オモニの味　チャンアチ

韓国のピクルス、チャンアチ。キムチのように発酵させず野菜を醤油漬けにしたものです。

きゅうり＋キャベツ
＋赤唐辛子

レモン＋大根

にんにく
＋
にんにくの芽

玉ねぎ＋赤唐辛子
＋青唐辛子

えごまの葉

材料（作りやすい分量）

醤油	400mℓ	酢	200mℓ	ソジュ	200mℓ
砂糖	300mℓ	みりん	200mℓ	お好みの具材	適宜

チャンアチ
장아찌
野菜の醤油漬け

1 ボウルに具材以外の材料を入れ、砂糖が溶けるまでよく混ぜる。
2 具材を食べやすい大きさに切り、密閉容器に入れたら、1を注ぐ。
3 1週間冷蔵庫においてから食べる。

All you need is Kimchi. オモニの味　水キムチ

韓国ではおなじみの水キムチ。さっぱりとした味なので、食事の最後にお口直しにどうぞ。

オイムルキムチ

오이물김치

きゅうり水キムチ

冷蔵庫で1ヶ月保存可能

材料(作りやすい分量)

きゅうり		10本
白菜(内側の柔らかい部分・ざく切り)		1/6束
粗塩		大さじ4
水		2ℓ
A	大根	100g
	玉ねぎ	1/2個
	生姜	1/2片
	青唐辛子	1本
	にんにく	30g
	アミの塩辛	大さじ1
	りんご(種と芯を取り除く)	1個
	粗塩	大さじ3
	砂糖	大さじ2
	冷えたご飯	大さじ2
	サイダー	100㎖
	梅エキス	30㎖
	水	300㎖
パプリカ(赤・黄・1cm幅に切る)		各1個
小ネギ(4cm幅に切る)		5本
赤唐辛子(乾燥)		5本

※梅エキスがない場合には、水の代わりにサイダーを300㎖入れます。

作り方

1 きゅうりはヘタを切り落とし、縦半分に切ったら種を取り除く。さらに横に4等分に切る。
2 ボウルに1と粗塩(大さじ2)を入れ混ぜ合わせ、10分ほどおいたら、熱湯(500㎖・分量外)を加え、全体をよく混ぜてさらに10分ほどおく。
3 別のボウルに白菜、粗塩(大さじ2)を入れ混ぜ合わせ、水(200㎖・分量外)を加え、全体をよく混ぜて30分ほどおく(何度か上下にひっくり返す)。
4 きゅうりと白菜が柔らかくなったら、それぞれザルにあげて水けをきる。
5 Aをミキサーに入れ攪拌する。
6 密閉容器の上にザルを重ね、5をこす。
7 6に水を入れ、パプリカ、小ネギ、赤唐辛子、4を入れて混ぜる。
8 味見してみて、お好みで水、塩、砂糖(全て分量外)で味付けする。
9 1日ほど常温に置いたら、冷蔵庫に入れてお好みのタイミングで食べる。

食材別インデックス

牛肉

豚肉

鶏肉

肉・加工品

魚介

魚介・加工品

野菜

きのこ

乳製品

卵

麺

調味料

そのほか

加工品

著者

金　英貨（キム　ヨンハ）

フードコーディネーター・料理研究家。1977年8月19日生まれ。韓国出身。
レシピ開発、調理、フードスタイリング、撮影に至るまで全てを手がける。企業が制作するコンテンツ、書籍や雑誌、レシピ動画サイト、web媒体などのフードコーディネーターとして活動中。韓国料理を得意とし、家庭料理からおもてなし料理までレクチャーする料理教室の講師もつとめている。

STAFF

撮影	北村勇祐
デザイン	フクナガコウジ
スタイリング	露木藍
調理アシスタント	山本万菜　藤原大和
撮影協力	UTUWA　Days Camp
ライター	泉みや
編集協力	百日（丸山亮平）
編集担当	柳沢裕子（ナツメ出版企画）

ナツメ社Webサイト
https://www.natsume.co.jp
書籍の最新情報（正誤情報を含む）はナツメ社Webサイトをご覧ください。

本書に関するお問い合わせは、書名・発行日・該当ページを明記の上、下記のいずれかの方法にてお送りください。電話でのお問い合わせはお受けしておりません。
・ナツメ社webサイトの問い合わせフォーム
https://www.natsume.co.jp/contact
・FAX（03-3291-1305）
・郵送（下記、ナツメ出版企画株式会社宛て）
なお、回答までに日にちをいただく場合があります。正誤のお問い合わせ以外の書籍内容に関する解説・個別の相談は行っておりません。あらかじめご了承ください。

大好き！　韓国ごはん

2023年1月5日　初版発行

著者　金　英貨（キム　ヨンハ）
発行者　田村正隆

発行所	株式会社ナツメ社
	東京千代田区神田神保町1-52 ナツメ社ビル1F（〒101-0051）
	電話　03-3291-1257（代表）　FAX 03-3291-5761
	振替　00130-1-58661
制作	ナツメ出版企画株式会社
	東京都千代田区神田神保町1-52 ナツメ社ビル3F（〒101-0051）
	電話　03-3295-3921（代表）
印刷所	大日本印刷株式会社

ISBN978-4-8163-7311-4

Printed in Japan

〈定価はカバーに表示してあります〉
〈乱丁・落丁本はお取り替えします〉